払ってはいけない

——財産を減らす50の悪習慣

目次

STOP 第1章 その悪習慣が散財のもと――節約、家計

STOP 第2章

そのお金の常識は、もう非常識――貯金、積立

STOP 第3章

入ってはいけない保険、頼れる保険
——生命保険、健康保険

STOP 第4章

夫婦仲改善が家計にプラス——家庭、子供

STOP 第5章

「投資しませんか?」から破綻まっしぐら
――投資、資産運用

STOP 第6章

老後資金にまつわる大ウソ――定年後、年金

STOP 第1章

その悪習慣が散財のもと

——節約、家計

処方箋の薬は、高いところで買ってはいけない

「調剤技術料」は、薬局で違う

医者に診てもらって薬の処方箋を出してもらい、調剤薬局で薬を買うなら、どこでも同じ金額になると思っている人は多いようです。

ところが、同じ病院の処方箋を持っていっても、調剤薬局によって支払う料金が違うことがある。そのことはあまり知られていません。

なぜ、そうなるのかといえば、**薬そのものの代金は国が定めたものなので同じですが、調剤技術料という、薬局それぞれが細かく定めている基準が違うからです。**

イメージとしては、たくさん薬を扱う調剤薬局は手間賃（調剤技術料）がそれほど高くなくてもやっていけますが、客が少ないところは手間賃も高くなっているといったところです。ですから、この手間賃だけ考えると、病院の敷地内にある薬局が一番安く、次が病院の前にある門前薬局、次が量をたくさん扱う大手薬局チェーン、そして町の薬

局ということになります。

ただ、24時間体制でサービスが手厚い薬局や、ジェネリック医薬品の調剤に積極的な薬局は点数が加算されるなど、細かな規定があるので聞いてみることをお勧めします。

「お薬手帳」で40円トクに

みなさんは、薬をもらうときに「お薬手帳」を持って行きますか？

「薬をもらうのに、お薬手帳を持って行って薬局で書いてもらうと、それだけでお金がかかる」と思っている人もいることでしょう。確かに以前はそうでした。

けれど、２０１６年の調剤報酬改定で、「お薬手帳」は持って行ったほうがトクになるようになりました。「お薬手帳」があると、どんな薬をどのようにもらっているのかがスムーズに把握でき、薬の重複を避けられたりします。そのメリットを国も考慮し、**今は、薬局に「お薬手帳」を渡すと、医療費が安くなるようになりました。**ただし、前述の門前薬局や大手チェーン店など特定の医療機関から出された処方箋を大量に受け付けているところでは料金が変わらないケースもあるので、調べてみましょう。

次の項目で「かかりつけ医」について述べますが、薬も「かかりつけ薬局」を一箇所に決めて行くようにすると、薬局のポイントがつくなどして数十円安くなります。ここで**お勧めするのは「かかりつけ薬局」を決めることであり、「かかりつけ薬剤師」ではないことに気をつけて下さい。**薬局で「かかりつけ薬剤師指導料についてのお願い」などの紙にサインすると、60円から100円の料金が追加されるようになっているのです（2016年から、3割負担の場合）。これでは「お薬手帳」を出して40円トクしても、結局ソンです。

医療費が家族で10万円以上になったら「医療費控除」

病気の治療で、年間10万円以上の医療費がかかったら、確定申告のさいに医療費控除の申請をすれば戻ってくるケースがかなりあります。

10万円というとハードルが高そうな気がしますが、医療費の中には、風邪のひき始めに薬局で買った風邪薬や胃が重だるいので買った胃腸薬など、市販の薬も含まれます。ただ、インフルエンザの予防注射などは、病気の治療ではなく予防なので、医療費控除の対象とはなりません。また、人間ドックは、検診の結果病気が見つかって治療を始めたら対象になりますが、いたって健康だったという場合には、これも医療費控除の対象にはなりません。けれど、インフルエンザの予防接種や人間ドックでは補助金が出るケースもあるので、そちらの方面からもチェックしてみましょう。

さらに、**２０１８年の確定申告からは、薬局やドラッグストアで販売されている医薬品の中でも83成分を含むＯＴＣ医薬品と呼ばれる一般医薬品については、年間購入額が合計で１万２０００円を超えたら、確定申告すれば払いすぎの薬代が戻ってくるようになりました。**

ただし、ＯＴＣ医薬品で確定申告をしたら、通常の医療費控除は使えません。いっぽう、通常の医療費控除を使う場合には、ＯＴＣ医薬品を買った金額も一緒に合算して申請できますから、迷ったら税務署などに相談してみてください。

結論

処方箋の薬はどこも同じ代金と思っている人が多いが、実は薬局により差が。「お薬手帳」「ＯＴＣ医薬品」など上手に使えば節約になる。

大病院に、いきなり行ってはいけない

知らないと初診料が、5000円以上上乗せに

紹介状もなく大病院にいきなり行くと、初診料に5000円以上が上乗せされます。対象の病院は、以前は500床以上が対象でしたが、2018年4月からは、400床以上が対象となっています。さらに、再診であっても、料金を払わなくてはならないケースもあります。

ただし、救急車で運ばれてきた方や、国や地方公共団体等の難病の適用を受けている人は対象外となっています。

なぜ、こうした制度が導入されたのかといえば、2000年の診療報酬の改定で、**「病院は入院治療や専門診療を、診療所は外来診療を」という棲み分けができた**からです。つまり、町のお医者さんが対処できるちょっとした病気でわざわざ大病院に来られると、病院が混雑する。すると大病院でないと診られない患者がしっかり対処してもらえない結果になる可能性がある。ですから、もし、いきなり大病院に来るのなら、それなりの料金を払ってもらいますということです。

「かかりつけ医」にはメリットも多い

日本は国民皆保険で、医療費も安く、特にお年を召した方ほど医療費では優遇されています。ですから、ちょっとした病気でも、気軽に病院に行く方が多いようです。

けれど、アメリカでは、ご存知のように医療費がバカ高い。マイケル・ムーア監督の「シッコ」というアメリカの医療事情を扱った映画を見た方は驚いたことでしょう。事故で指を切断した人が２本の指を持って病院に行き、保険がないので高い医療費を払えずに１本しか指を復元できないという現実が描かれていました。

日本では、頭痛がすると、風邪かなと内科に行き、原因がわからないと頭痛外来に行き、脳神経外科、神経内科に行くなど、ハシゴ受診するケースは珍しくありません。けれど、アメリカでこんなことをしたら、莫大な医療費を請求されてしまいます。

なので、アメリカにはホームドクターというかかりつけの医者がいて、まずそこで見てもらい、必要ならば専門医に紹介してもらうというシステムです。

日本も、高齢化社会を迎えて医療費が膨れ上がっていく状況にあります。ですから日本でも、アメリカのホームドクターにあたる「かかりつけ医」をみんなに持ってもらい、そこでなんとかなる病気は解決してくださいということになっています。

良い「かかりつけ医」にはメリットも多く、次から次と診療していく大病院に比べて、時間をかけて診察してくれたり親身に相談に乗ってくれるケースも多いです。

評判の良い医者は、どうやって探せばいいのか

「かかりつけ医」は、病院と診療所から探しましょう。病院とはベッド数20床以上の医療機関、診療所とはベッド数が19床以下の医療機関です。

まずは、**地域で行われている健康診断に積極的に参加して、どんな医者がいるのか知っておきましょう。また、学校医をしている先生などは、地域の人からも信頼されている方が多いようなので、それとなく子供に評判を聞いてみましょう。**

日頃から健康管理や健康教育に熱心で、病気にならないための様々なアドバイスをしてくれるような方だと安心です。

最近は、インターネットもあるので、目についたお医者様がいたら、不特定多数の人

による評判を見てみるのもいいでしょう。ただし、ネットではかなりいい加減な書き込みも多いので、あまり振り回されないこと。

どんなに評判が高い医者でも、家から病院に行くまでに時間がかかると不便です。定期的に通わなくてはいけないような病気や何度も精密検査をしたりする場合のことも考えておきましょう。

説明がわかりにくい医者や、専門用語が多いような医者も避けたほうがいいかもしれません。誤魔化している可能性があるからです。さらに、医者も人間ですから、相性というものもあります。「かかりつけ医」とは長い付き合いになる可能性がありますから、なんでも話せる、信頼できるお医者様であることが大切。自分だけでなく、自分の家族とも相性が良い人を選びましょう。

結論

病気は大病院で診てもらうほうが安心と思いがちですが、信頼できる「かかりつけ医」を見つけたほうが、精神的にも金銭的にも安心です。

病院に、遅れて行ってはいけない

「時間外加算」「深夜加算」「休日加算」を知っておこう

最近は、夜8時以降でも診てくれる病院や、土日祭日でも頼めば診療してくれる病院が増えてきています。ですから、病院には、何時に行っても良いと思っている方もおられるかもしれませんが、それは間違い。

病院の診療時間というのは基本的には、平日は午前8時から午後6時まで、土曜日は午前8時から正午まで。年末年始を含む日曜・祭日は休みということになっています。

それ以外の時間に診療を受けると、届けを出している病院以外は、「時間外加算　850円」（概ね午前8時前と午後6時以降）、「深夜加算　4800円」（午後10時～午前6時）、「休日加算　2500円」（日曜日・祝日・年末年始）というように別途料金が加算されます（いずれも初診の場合）。

例えば午後6時までやっている病院や診療所で、5時55分に診察の予約を入れていた

初診、再診の料金と時間外加算

〈初診の場合（6歳以上）〉

初診料	医科		2,820円
	歯科		2,340円
	診療所の診察時間内	医科	3,320円

加算	時間外 概ね午前6時～8時・午後6時～10時	一般	850円
		特例（救急病院など）	2,300円
	休日		2,500円
	深夜　午後10時～午前6時		4,800円

〈再診の場合（6歳以上）〉

再診料	医科		720円
	歯科		450円
	診療所の診察時間内	医科	1,220円
		歯科	950円

加算	時間外 概ね午前6時～8時・午後6時～10時	一般	650円
		特例（救急病院など）	1,800円
	休日		1,900円
	深夜　午後10時～午前6時		4,200円

●初診、再診ともに支払い額は自己負担割合による。

健康保険組合連合会けんぽれんHP「時間外加算」をもとに作成

とします。この場合、5時55分に行けば診療時間内になりますが、10分遅れて6時5分に行ったとしたら、病気ということなので診療はしてもらえるでしょうが、診療時間外なのでしっかり時間外加算がつくというわけです。ただし、届出をして午後8時まで営業しているところは、その時間内であれば時間外加算はつきません。

表は、初診と再診で、時間外の診療にどれだけ加算がかかってくるかというもの。ただ、**この加算額をそのまま支払わなくてはならないのかといえば、健康保険が適用になるので人によって違います。**初診での深夜加算は4800円でも、現役で働いている世代の医療費は3割負担なので、本人の負担は3割の1440円ということになります。

診療所、薬局でも、時間外には加算が

時間外加算があるのは、病院だけではありません。診療所でも、同じように時間外加算があります。また、調剤薬局でも「夜間・休日等加算」があります。

調剤薬局の時間は、病院の診療時間よりも1時間遅くなります。病院よりも1時間遅いのは、病院での診察後に薬をもらいにくることを考慮したものです。

平日は午前8時から午後7時、土曜日は午前8時から午後1時。それ以外の時間帯に

処方してもらうと、別途４００円が加算されます。ただし、これも保険が適用されるので、３割負担の人は実質的には支払額が１２０円増えるということになります。

病気は、都合よく診療時間内に起きるとは限りません。夜中に急に心臓が痛んで、救急車で病院に運ばれたようなケースではどうなるのかと心配になります。

実は、**救急車で運ばれるなど緊急性のある場合は、加算の対象にはなりません**。逆に、緊急性もないのに無闇に真夜中に診療してもらうなどすると、診療費用のほかに、病院が独自で決めている特別料金を請求されることがあるので気を付けましょう。この場合の特別料金は、健康保険の対象にはならないので、全額自己負担になります。

最寄りの病院の診療科目や診療日・時間などについて知りたければ、厚生労働省の医療情報ネットで調べてみましょう。都道府県単位で医療機関を検索できます。

結論

病院は、診療時間内に間に合うように行きましょう。少しでも過ぎると時間外料金が加算され、病院によっては特別料金を請求されるところも。

スーパーは、野菜コーナーから入ってはいけない

野菜コーナーに行く人、惣菜コーナーに行く人

スーパーに買い物に行く時に、あなたはどこから買い物を始めますか。

多くの人は、野菜売り場からスタートし、魚→肉→加工食品→惣菜売り場とまわって、レジに行くのではないでしょうか。

実は、そういう進み方をしていい人と、いけない人がいます。前述のような進み方をしていいのは、その日の献立が決まっている人です。

もし、その日の献立が決まっていないなら、反対の惣菜売り場から買い物をスタートしましょう。

と言っても、惣菜売り場にある惣菜を買うのではありません。そこに並べられている惣菜を見て夕飯の献立を決め、その材料を、加工食品→肉→魚→野菜売り場とまわって買い揃えるのです。

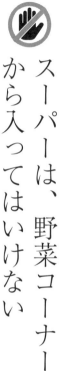

なぜ、献立が決まっていない人が野菜売り場から買い物をスタートしてはいけないのかといえば、献立が決まっていないまま買い物を始めると、あれもこれもと買い過ぎてしまうからです。ですから、まず惣菜売り場に置かれているものをヒントに献立を考え、そこから無駄の少ない買い物をスタートさせようということです。

8割の主婦は「献立決め」が苦手

東京ガスが行った「生活分野別調査」（2015年）では、主婦の8割が、「毎日の献立を考えることは面倒だ」と回答しています。今の主婦は、**子育て、家事、パートと、目が回るほど忙しい。その合間に食事の献立も考えなくてはならないのですから、苦痛になるのもわかります。**

しかも、お腹が空いている夕方に献立も決めないままスーパーに行くと、いろいろなものが美味しそうに見えて、あれもこれもと買い過ぎてしまう。これは主婦でなくとも、思い当たるという方が多いのではないでしょうか。

だとしたら、いっそ買い物には行かずに、ネットスーパーで注文するというのはどうでしょうか。

今、様々なスーパーがネット販売を始めています。例えばイトーヨーカドーだと、オーダーしてから最短4時間で、約3万アイテムの中からオーダーしたものを届けてくれます。午後4時から5時を除く23時間営業。利用するには申し込みをしなくてはなりませんが、入会金、年会費は無料。配達料金は324円ですが、子育て中のママは100円になります。チラシを見ながら、特売品を買うこともできます。

ネットスーパーの良いところは、自分のゆっくりした時間を利用できること。私のお勧めは、夕飯を食べて落ち着いたところで、明日の夜の献立を決める。献立については、クックパッドで時短術や節約料理が簡単に調べられます。献立が決まったら、冷蔵庫の在庫を調べながら注文しましょう。足りないものを見ながらオーダーができる点で、買い過ぎを間違いなく防げます。

結論

献立が決まらないままスーパーに行くと、無駄な買い物が多くなる。面倒なら、ネットスーパーを利用して、合理的に買い物をしましょう。

「まとめ買い」を、してはいけない

賞味期限見落としという大きな落とし穴

消費税が5％から8％に上がった2014年、様々なものを「まとめ買い」した人が多くいたようです。こうした特別な状況ではなくても、安いセールなどで頻繁に「まとめ買い」をしている人を見かけます。

確かに、必要なものなら、安い時にまとめて買っておくというのは、合理的な方法かもしれません。また、几帳面で購入したものをきちんと計画的に管理できるならいい。けれど、それができない人が、意外に多いのです。しかも、**「まとめ買い」に慣れてしまうと、たくさん買わないと物足りなくなってしまい、ここに意外な落とし穴**が生まれるのです。

食品には、賞味期限があります。1個100円のリンゴが7個500円だと、安いのでついつい買ってしまうという気持ちはわかります。

けれど、リンゴ7個を一気に食べきれるご家庭というのはかなりの大家族。たいていは、何度かに分けて食べることになりますが、食べる機会を逸してしまうと、冷蔵庫のゴミになりかねない。

みそ、しょうゆ、缶詰といった比較的賞味期限が長いものでも、そもそも常に賞味期限を気にするということが苦手な人もいて、ロスが出やすいものです。

たくさんあると、緩む節約心

まとめ買いをすると、節約の気持ちが緩みがちになります。

チューブの歯磨きが1本しかないと、最後の最後まで絞って、出なくなったらチューブを半分に切って中の歯磨きを使い切るといった節約家の人も、〝変節〟します。1ダースまとめ買いしてあると、出なくなったら「ハイ、次!」と、捨てて新しいものにする。

ビールやコーラなども、たくさんあるからいいやとたくさん飲んでしまいがちで、結局はいちいち買ったほうが節約になっていたというケースはままあります。

「まとめ買い」をしても、しっかり在庫管理ができないと、結局は、どこに何がしまわ

れているのかがわからないままにゴミ化していってしまう可能性があります。

例えば、1足500円の靴下を、3足1000円で買って、買った時には得をしたと思っても、じつは3足は必要なくて1足しか履かない。そしてあとの2足をタンスの奥深くしまいこんで忘れてしまったら、1足1000円の靴下を買ったのと同じことになります。

もっと**ナンセンスなのは、まとめ買いするが為に冷蔵庫に空きスペースがなくなり、もう1つ冷蔵庫を買うという人**がいること。それでも足りなくて冷凍庫を買う家庭も。

どうでしょう、思い当たりませんか？

結論

合理的に見える「まとめ買い」も、計画性のない人は、いつにも増して消費、管理ができず、買ったものを結局無駄にすることに。

カードポイントを、気にしてはいけない

ポイントを気にし過ぎると、買い過ぎに

今や、どんなカードにもポイントがついていて、そのポイントで有利に買い物ができるようになっています。

ですから、スーパーなどに行って「**ポイント5倍セール**」**などという張り紙があると、**「**どうせ必要になるのだから、今のうちに買っておこう**」**と**「**まとめ買い**」**をしがち。**

けれど、「まとめ買い」については、前項でも指摘したように、かなりの場合損をする可能性があります。

さらに、ここにポイント制度独自のリスクも加わります。

カードポイントといっても、ＴＳＵＴＡＹＡの「Ｔカード」のように広範囲で使える汎用性のあるものだとポイントが貯まる率も高くなりますが、大抵のカードは決まった店で買い物をしなくては貯まらないようになっています。

なぜなら、店側にとってポイントカードは、客を囲い込むためのツールだから。

ですから、**頻繁に行く店のカードならともかく、それほど頻繁に買い物しないような店のカードを持っていても、結局はポイントが貯まらないということになります。**

しかも、ポイントについては、使用期限が限られているカードもかなりあります。

今はデフレで、同じ商品でも安値競争をしている時代。すこしでも安く買おうと思ったら、ポイントにこだわらないほうがいいかもということは頭の片隅に入れておいてもいいでしょう。

個人情報がダダ漏れになる可能性も

そもそもポイントカードをつくるときには、必ず相手に個人情報を教えなくてはなりません。それが、様々に利用されていくことを前提として、です。

たとえば、前述の「Tカード」を運営しているCCC（カルチュア・コンビニエンス・クラブ）では、客の個人情報をCCCグループ会社及び提携先で共同利用していきます。共同利用されるのは、T会員番号や利用した日時、店名、金額、ポイント数、商品コード、レンタル利用明細などです。

つまり、自分がいつ、何を買ったのかという商品購入履歴などが、様々に利用されていくということです。

こうしたことが嫌なら、個人情報の利用を止めてもらうべきでしょう。

最近は、楽天などネット通販を装った身に覚えのない請求が来るケースが頻発していますが、これも、個人情報の流出によるものと思われます。

ただ、仮にクレジットカードが悪用されて不正請求を受けてしまった場合でも、カード会社に連絡すればすべて保険で補償されるはず。高額でも大丈夫なので、慌てずに迅速に連絡しましょう。

結論

ポイント目的での買い物は、かえって高くつくかも。カードには、個人情報の流出のリスク有り、被害にあったら慌てずにカード会社に連絡を。

大型家電はボーナスをあてにして買ってはいけない

「ボーナス払い」は、後が怖い

ボーナスで、「家電を買い換える」「車を買う」という方は、多いのではないでしょうか。月々で支払えないような特別の出費は、ボーナスでまかなうというのが、普通のようになっています。

ボーナスの現金払いならまだしも、クレジットカードの「ボーナス払い」で先に買い物を済ませている人もいるでしょう。

けれど、**これからは、ボーナスがあてにならない時代がやってきます。**

表は、資本金20億円以上で従業員が１０００人以上いる大手企業のボーナスの妥結額ですが、今から50年ほど前は、大手企業でも、夏、冬共にボーナスは10万円台でした。

これが、高度成長の波に乗って大幅に増え、バブル時代に、ほぼ現在と同じくらいの額になっています。

民間主要企業のボーナス額の推移

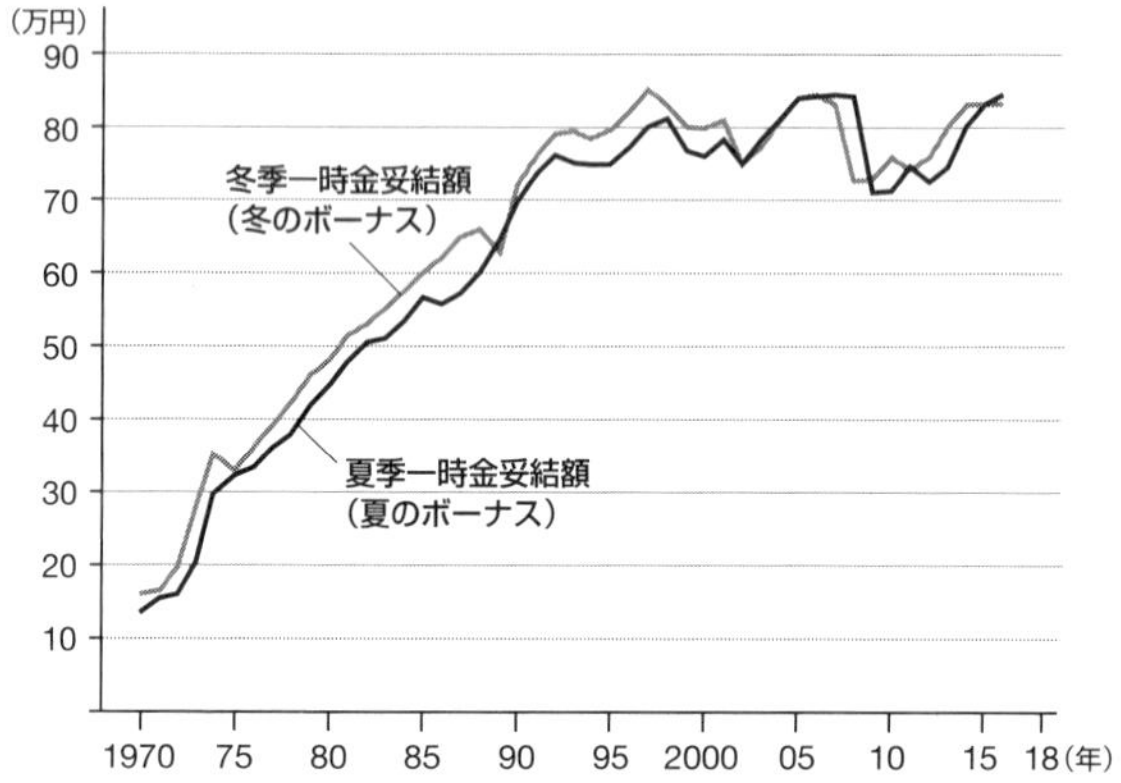

厚生労働省HP　平成29年「年末一時金妥結状況の推移」
「夏季一時金妥結状況の推移」をもとに作成

けれどそれ以降は、良い時と悪い時の波が出ています。１９９９年に減っているのは、アジア通貨危機があり、山一証券、北海道拓殖銀行などの経営破綻が表面化するなど経済が大荒れに荒れたから。２００８年に良かったボーナスが翌年にがたんと下がったのは、リーマンショックがあったからです。

それでも、**大企業のボーナスは、この程度の目減りで済んでいますが、中小零細企業の場合には、こういった経済的な変動があると、ボーナスが出ないというところもざらにあります。**

２０１８年の夏のボーナスは過去最高でしたが（大手企業、経団連発表）、ボーナスが給料の調整弁となってしまっている現状では、いつ下がるかわかりません。だとしたら、ボーナスは主に貯金に回し、月々の給料で生活できるようにしておいたほうがいいでしょう。

買うなら狙い目は「型落ち商品」

ボーナスを預金しておくと、その中から計画的にお金を使うことができます。

「型落ち商品」をご存知でしょうか。冷蔵庫やエアコンなどの大型家電は、売り出し当初が最も高いものです。メーカーが家電製品の新型モデルを売り出すのは5月から6月、10月から12月に集中していて、この時期に新しい家電製品を出すと、**それまでの商品は「型落ち」ということになり早く処分してしまいたいという思惑が働くので、大幅な値引き販売が行われるのです。**ちなみに、今の電化製品の性能は、新機種といっても従来のものとほとんど変わりませんから、「型落ち」はおトクということになります。

またメーカーも販売店も決算を迎えるのが3月末、9月末。この時期の少し前には売り上げを伸ばしておきたいということで「値引きしてでも売り切りたい」というインセンティブが働くので、値引き交渉がしやすくなります。

確かに、ボーナス時期にもセールなどがあって安くなっていますが、「型落ち」の安さには及びません。

だとしたら、より安い時期を見定めて買う。

ちなみに、**車なども決算時期に安くなる傾向があります**。自動車メーカーは、決算時期の前になると、会社の業績を上げたいので、たくさん車を売ってくれたディーラーにノルマが達成されたら報奨金をたくさん出します。そのため、ディーラーは値引きしてでも販売台数を増やそうとするので、いつもよりも大幅値引きになりやすい。

ボーナスをあてにして買うよりも、ボーナスは貯金しておいて安い時期に買う。そうすれば、ボーナスが減ったから買わなくてはいけないものが買えないということがなくなるでしょう。お金が払えない、なんて事態も避けられるはずです。

結論

ボーナス払いをあてにしていると、減った時に思わぬ負担を抱えることになるかも。ボーナスは貯金に回し、一番安い時期に買いましょう。

「あったら便利なもの」は、買ってはいけない

家を埋めつくす、使わないもの

みなさんのおうちには、「**なぜこんなものを買ってしまったのだろう**」というものはありませんか？

例えば、電動調理器。みじん切りやスライスが一瞬で出来るのでこれは便利と買ったら、少人数の家族ではそんなに大量の野菜は刻まない。わざわざひっぱりだして使って、洗って仕舞うのが面倒で、ついつい使わないままということも多いでしょう。

また、セールで布団などが安く売っていて、「お客様が来たら1組あったほうがいいかも」などと思って買ったら、客は来ないし邪魔だし。でも、せっかく買ったから捨てるに捨てられないケースも。

最たるものが、健康器具。テレビで「こんなにウェストが細くなる」なんていうので買ったら、一回使って放りっぱなしという人は多い。

「あったら便利」は、なくてOK

「あったら便利」が、意外なところで家計を圧迫しています。

例えば、都会に住んでいるのに、自家用車を持っている人。確かに、出かける時には車があったほうが便利な気がします。

けれど、地下鉄やバスの便がいい都会で、自動車は必需品でしょうか。タクシーに乗って1000円、2000円と払うのはちょっと惜しい気がしますが、でも、車を持っている維持費に比べたら安いもの。車があると、車代だけでなく、車検代、保険代、ガソリン代、駐車場代と、様々な経費がかかります。月にならすと、5万円くらいはかかっているという方は結構いらっしゃると思います。これが、もし月5万円タクシーに乗るとしたら、乗り放題になることでしょう。

地方では車は必需品ですが、都心では、なくても不便ではないのです。

心豊かに、シンプルライフ

なぜ、「あったら便利」と思って、いろいろなものを買ってしまうのでしょうか。

それは、本当に必要なものの優先順位が、はっきりとわかっていないからだと思います。優先順位がわかっていたら、「あったら便利」というものの必要度の順位は低いはずです。それでも買う人は、物欲が強い時代に生きてきたからでしょう。

けれどこれからは、**シンプルに暮らすことが素敵なライフスタイルとなっていく時代。**便利なものを求めてお金を使うよりも、心豊かに暮らせるライフスタイルが求められています。どんなに便利なものを身近に揃えても、心までは満たしてくれません。

「足るを知る」という言葉がありますが、あれもこれもと欲しがるのではなく、心を満足させて楽しく暮らしていけるほうが、すてきだとは思いませんか？

結論

「あったら便利」なものは、結局は、「なくても困らない」もの。必需品だけ揃えるシンプルライフで、心豊かに暮らしましょう。

昔の節約の常識を、そのまま使ってはいけない

エアコンをマメに切る時代は終わった！

世の中は、日進月歩で進んでいます。特に、テクノロジーの進歩には、眼を見張るものがあります。

その**世の中の進歩とともに、節約の常識も日々変わっています。**

例えば、エアコン。昔は電気代が高かったので、エアコンはなるべくマメにつけたり消したりすることが節約になっていました。ところが省エネが進み、今のエアコンには、それは当てはまりません。今のエアコンは、立ち上げの時に最も電気を使うので、30分くらいなら必要なくても、つけっぱなしにして置いたほうが良くなっています。

また、昔はエアコンよりもガスファンヒーターのほうが節約になりましたが、今はエアコンの省エネ効果が上がっているので、ガスファンヒーターを使うよりも、エアコンのほうが安上がりになるケースも出て来ています。

冷凍庫だって、詰め込み過ぎないほうがいい

冷蔵庫も、かつてはよくこう言われていました。

「冷蔵庫は詰め込みすぎず冷たい空気が回るようにし、冷凍庫は反対にぎっしり詰め込んだ方がいい」

冷蔵庫はこのままでいいのですが、冷凍庫に要注意です。確かに機能的には、冷凍庫は隙間なく詰め込んでおいたほうがそのぶん冷やさなくてよく正しいのですが、実は、その理屈で**冷凍庫に冷凍食品などを詰め込み過ぎて、中に何が入っているのか、上のものを取り出してみないとわからないようなケースが増えています。**

そうなると、長時間冷凍庫を開けておくことになるので、節約にはなりません。隙間なく入れるにしても、縦に入れる工夫をするなどして取り出しやすくしておかなくてはダメでしょう。

実は、最近の冷蔵庫は、容量が大きいほど電気代がかからないというモノがあります。これも、テクノロジーの進歩でしょう。

掃除機をかける前に片付けを

掃除機を使うときに、頻繁にスイッチを切ったり入れたりしながら電気代の節約をしている人がいます。けれど、まず**しっかりと部屋を整頓し、掃除機をかけるところにあるモノをまず片付けて、ノンストップで一気に掃除機をかけたほうが節約になります。**

テレビも、以前は「見ないときには待機電力がかからないようにコンセントを抜いておく」というのが常識でしたが、今のデジタル対応テレビは、コンセントを抜くと電子番組表のデータも消え、次につけたときこの読み込みを含む起動が電力を消費すると言われています。コンセントを抜くのは、長期で不在にする時にしましょう。

パソコンも、消すと起動するのに時間や電力がかかるので、スリープモードにしておいたほうが節約になるケースも。

結論

テクノロジーの進歩で、家電などの節約方法も変わってきています。新しい家電の常識を取り入れ、賢い節約をしましょう。

「節約」に、時間をかけてはいけない

時間の節約だって大切

「節約」が好きだという人が増えていて、ネットには、様々な節約サイトが百花繚乱のごとく立ち上がっています。

ただ、**「節約」をするなら、「お金の節約」だけでなく、「時間の節約」も考えるべきでしょう。**

例えば、家庭菜園で野菜をつくると食費の節約になりますが、毎日水をあげたり雑草を抜いたりと、それなりに手間をかけなければ野菜は育ちません。あるいは「日用品は一番安い値段で買う」と決めてしまうと、毎日数軒のスーパーをハシゴすることにもなるでしょう。

働いてクタクタに疲れているのにこうした事で休息する時間が削られ、体を壊して会社を休むというような状況になったら、これはもう本末転倒。節約どころの話ではありません。

では、「時間をかけない節約」というのは、どんなものでしょう。

1回の見直しで、大きな節約を

「節約」の極意は、1回の見直しでずっと続くような大きな効果を得られること。

例えば、96ページの生命保険の見直しなども、これにあたります。不必要な保険を1回見直して月5000円でも支払いが減れば、年間6万円、10年で60万円、30年で180万円を貯金できます。

電気のアンペアの見直しなども同じ。**家族が少なくなったら、60アンペアを40アンペアに落とせば、電気の基本料金はずっと安くなります。**

今は、家族みんなが携帯電話を持つ時代なので、あまり使わない家の固定電話を辞めてしまうというのも同じ発想です。スマホを、格安スマホに換えるというのもいい。

時々見直せば、節約できるものもある

トイレの便座の電気は、冬だけつけて春になったら切っておく。冷蔵庫は、夏は強冷でも冬になったら弱冷にする。こうしたことは、月単位で気をつければ節約になります。時々見直す節約を忘れずに。

また、冬は暖色系のカーテン、夏は青や水色など涼しげなカーテンに換えるだけで、体感温度が違います。

節約を、習慣にしてしまうというのも大切。

例えば、水筒を持ち歩き、自動販売機などでやたらに飲み物を買わないとか、コンビニに不用意に行かない、財布にたくさんお金を入れておかない、毎日買い物に行かないなど、最初はしんどくても習慣づけてしまえば気にせず節約になります。

結論

時間をかけて節約しても、労多くして益なしというケースも。節約は、無理せず自分にあった自然体のものにするのがいいでしょう。

銀行の窓口に、行ってはいけない

今の銀行は、お客に来てほしくない!?

「20年前の銀行は、どんぶり勘定だった」と言ったら、皆さんは信じるでしょうか。

銀行といえば昔から、勘定が1円合わなくても残業させられるほど、計算にうるさいところで、どんぶり勘定などということはないだろうと思う方も多いでしょう。確かに、銀行は、1円、2円にはうるさい。けれど、銀行全体の収支については、20年前までほとんどどんぶり勘定でした。

金融がグローバル化する前までの銀行は、実質的には大蔵省（現・財務省）の出張所で、国の言うとおりに仕事をし、役人同様に朝9時から午後5時までの勤務で、窓口で扱う預金金利や扱う金融商品もほとんど同じだったのです。

なぜなら、日本経済復興のためには、大蔵省を頂点とした銀行の護送船団が必要で、国の手足となって働かなくてはならなかったから。もちろん、銀行間の競争もなく、すべて国の言うままに動いていました。

これが転換されたのは、1996年から始まった金融ビッグバン（自由化）で、ここから銀行は、独自に様々な商品を開発して売れるようになりました。

そして、今までの役所体質から、民間企業体質に変わりました。

銀行に行ってトクするのはお金持ちだけ

金融ビッグバン以降に大蔵省が解体されると、**銀行にも、どんぶり勘定でないしっかりした経営をしていかないと、倒産してしまう危険性が出てきました。**

こうした中で採算性が低いとされたのが、銀行の店舗。

ほとんどが駅前の地価の高いところにありながら、やっている仕事は収益にならない預金の出し入れや、手間ばかりかかって採算が合わない振込など。それなのに窓口対応しているのは普通のOLよりも給料が高い女性行員なのです。

それに気づいた銀行は、「採算が合わない普通のお客を、銀行に来させない」という方法を考えました。

ヨーロッパでは、銀行は、1人の客の相談に半日くらいかけ応えます。なぜなら、その1人とは、多額の資産を持ち相続や融資などで相談のある客だからです。そのため、1人客が来ただけで、数百万円、数千万円の手数料が入ります。ですから、日本の銀行のようなハイカウンターはなく、長時間座っても疲れないソファーで接客します。

日本の銀行も、こうした接客を目指しました。

三菱UFJ銀行の振込手数料

	振込金額	インターネットバンキング	窓口	ATM カード	ATM 現金	テレフォンバンキング（オペレーター対応）
当行同一支店あて	3万円未満	**0円**	324円	0円	216円	108円
	3万円以上	**0円**	540円	0円	432円	324円
当行他店あて	3万円未満	**0円**	324円	108円	216円	108円
	3万円以上	**0円**	540円	108円	432円	324円
他行あて	3万円未満	**216円**	648円	270円	432円	432円
	3万円以上	**324円**	864円	432円	648円	648円

同行HPをもとに作成

そこで**「採算が合わない普通のお客を、銀行に来させない」ために何をしたか。それは、インターネットバンキングとATMのコンビニなどへの設置強化でした。**

ネットバンキングは手数料が格安

銀行の振込手数料を見ると、表で一目瞭然

なように、インターネットバンキングが圧倒的に安くなっています。次に、ＡＴＭでの扱いが安い。

つまり、「窓口には来ないで、ネットで振り込んで欲しい。ネットが使えない人は、ＡＴＭを使ってください」という、銀行からのメッセージなのです。

インターネットバンキングは、銀行にとっていいだけでなく、私たち利用者にとっても便利です。なぜなら、朝一番で振込をしなくてはいけないことがあったとしたら、その前の晩、真夜中にでもネットを操作しておけば、自分は寝ていても振込されている。

そういう意味では、私たちも、銀行に行く必要はなくなっています。

結論

銀行に行っても、得しない時代になっています。振込するならネットバンキング、預金の出し入れはＡＴＭがあれば、銀行に行く必要なし！

カードの「リボルビング払い」は、使ってはいけない

リボルビングは万年借金

銀行の、カードローンによる自己破産が急増しています。

中でも、問題となっているのは「リボルビング」という返済方法。

これは、あらかじめお金を借りられる枠を設けておいて、その枠内でならいつでもお金が借りられるというもの。要は借金です。返済額は毎月一定額もしくは支払い残高に応じた一定割合の額でいいというものが多くなっています。

「リボルビング払い」だと、お金をどんどん借りて借金の残高が増えていても、毎月の返済額が一定額なので、確認しないまま月に決まった額だけを払っていくということになりがち。また、借りたお金をいつ返済し終えるのかがわかりにくく、延々と利息を払っていくことになりがちです。

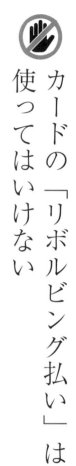

50万円借りたのに75万円返す⁉

たとえば、「リボルビング払い」で、50万円まで借りられ、月の返済は1万円でいいカードがあったとしましょう。このカードなら、借入額50万円になるまで何度も借りられ、10万円借りても50万円借りても、月々の返済額は1万円。

このカードで50万円借り、次の月に1万円の返済をしていくとします。カードローンの金利は14％前後のところが多いので、仮に金利14％とすると、50万円を借りて、総額で75万４７２０円を返すことになります。

これを月1万円ずつ返していくのですから、返済し終わるまでに76回、高い利息を払いながら延々と6年以上も返済を続けるということ。

しかも、6年の間にまたカードで簡単に50万円まで借りられます。そうすると、**手軽なのでついつい使ってしまって、さらに完済までの期間が延び、万年借金に陥るということになります。**

「無利息」はコワい

仮に、50万円の枠内で常に目いっぱいお金を借り続けたとしたら、利息だけで年間7

万円を返済しなくてはなりません。これを8年くらい続けると、返済する利息だけで、借りた50万円を上回ってしまいます。

こうしたカードで注意したいのが「無利息」のふれこみ。「最大30日間は無利息」とか、中には「5万円以下なら最大180日間無利息」などというものもあります。「無利息」ということは、ローン会社の儲けがゼロということですが、なぜこんな計算に合わないことをするのでしょうか。

それは、**一度借りてしまうと続けて借金する人、借金漬けになってしまう人が多いため**です。今まで、借金などしたことがないというガードの固い方を安心させて、万年借金に引き込むためでもあるでしょう。

くれぐれも、カモにならないように気をつけて！

結論

カードローンには、手を出さない。特に、リボルビング払いには要注意。一度手を出すと、万年借金地獄に陥っていく可能性あり。

STOP
第2章

その金の常識は、もう非常識

――貯金、積立

妻が稼いだお金は、夫名義にしてはいけない

〝へそくり〟には贈与税がかかる

パートで働きに出る妻が増えています。

「労働力調査」を見ると、パート・アルバイトで働く人は右肩上がりに増えて、ここ10年で３００万人も増加しています。そのかなりの数が主婦だと推測されます。

さらに、**２０１８年からは、配偶者控除（配偶者特別控除）が１５０万円まで拡充されたことで、ますます働く主婦は増えそうです。**

そこで主婦が稼いだお金は、どう使われているのかを見ると、生活費や教育費、自分の小遣いなどに消えていくというケースが多いことに驚きます。

生活が苦しいから働きに出るという人が多いのでやむをえないことですが、できれば妻がパートなどで働いて稼いだお金はなるべく妻名義で貯金したほうがいいでしょう。

明治安田生命のアンケートでは、夫の〝へそくり〟の平均額が約59万円なのに対して、

妻の平均はなんと倍以上の約１２０万円。年代別に見ると、40代の男性は約22万円なのに対して、女性は約88万円と約４倍になっています。

これはあくまで平均で、中には、１０００万円近く貯め込んでいる人もいます。

注意したいのは、この〝へそくり〟を誰の名義でしているのかということ。

例えば専業主婦のA子さんが、自分名義で１０００万円の〝へそくり〟を貯金していたとします。ところが、この１０００万円を引き出して自分のために使うと、夫からの贈与とみなされて２３１万円もの贈与税を支払わなくてはならなくなる可能性があります。通帳は自分名義でも、A子さんには収入がないので、貯金できないだろうとみなされてしまうからです。

ただし、パートで稼いでいて、その稼ぎの範囲内で貯金しているということが通帳で証明されれば、贈与とみなされることはありません。

夫が先立つと〝へそくり〟にも相続税がかかるかも

相続でも同じです。男性の平均寿命は80・98歳、女性は87・14歳ですが、さらに女性のほうが年下というケースが多く、実際には女性のほうが男性よりも10年くらいは長生きしそうです。

そうなれば、当然ながら女性がご主人の財産を相続するというケースが増えますが、前述のＡ子さんの場合、**〝へそくり〟もご主人からの相続財産に含まれてしまう可能性があります**。そうなると、相続税がかかる可能性があります。

さらに、今はいったん消えましたが、死んだ時に財産に「死亡消費税」をかけようという案もあり、もしこれが復活すると、相続で消費税まで取られることになるかも。

そうならないためには、稼ぎのある妻なら稼ぎの範囲内で自分名義の貯金を増やす。稼ぎがない妻なら、年間１１０万円の贈与税の無税枠を使って、自分名義の預金を増やしておいたほうがいいでしょう。

次に、預金の名義を、家計の問題で考えて見ましょう。

妻が稼いでも、家計は夫の収入でやりくり

妻が家計を管理しているというご家庭は67・９％、夫婦で一緒にしているというご家庭が18・２％、夫がしているというご家庭が12・５％だそうです（ベルメゾン生活スタイル研究所のアンケート）。

特に家計を妻任せにしているという家庭は50代に多く、72・９％が妻と答えています。妻が働きに出ると、今まで30万円でやっていた家計規模が、妻の収入まで足して40万円くらいになります。収入が増えるのは良いことですが、家計の財布は緩みがちになります。外食や出前が多くなったり、友達との飲み会や化粧品などにお金を使ったりして、思ったように貯金が増えないというご家庭もあるでしょう。

だとしたら、**基本的には家計は夫の収入でやりくりし、妻が稼いだお金は、なるべく手をつけずに妻名義で貯めていくほうがいい**でしょう。これは、浪費癖がある妻ではダメですが、普通の奥さんなら、貯金を妻名義にしただけで、働きがい、貯めがいを感じるはずです。

結論

家計を主に管理しているのが妻、長生きするのも妻なら、妻が稼いだお金については、妻名義にしておいたほうが家計面でも節税面でも有効！

お金を残して、貯金しようとしてはいけない

お金は貯まらず、ストレスが貯まる？

「お金を貯めたい」と思っている人は多いことでしょう。

いろいろな方法があると思いますが、中には、節約してなんとか給料を残し、それを貯蓄に回そうという人もいます。

　有り余るほどの給料をもらっている人なら「残して貯めよう」ということも可能かもしれませんが、ほとんどの人は、それほどたくさん給料をもらっているわけではありません。そういう人が**「残して貯めよう」と思っても、まず残らない**と思ったほうがいいでしょう。残そう残そうと思いながら、アレヤコレヤでお金は出ていってしまう。そうなると、お金は残らないのに、残そうという気持ちが挫けて、結局残るのはストレスだけという結果にもなりかねません。

「お金を貯めたい」と思ったら、まずしなくてはいけないのは、ストレスを抱えずにお

金を貯めていくこと。それには、最初に給料の中から貯めていくお金を取り分けて次の項で紹介するような社内預金、財形貯蓄に入れてしまうことです。

そして、「残りは全部使おう」ということにすれば、月末でお金が足りなくなってきても次の給料日まで持たせればいいわけです。それほどシンプルならば、外食をやめようとか、会社に前日の残りのおかずでお弁当を持っていこうなど、前向きに努力できるのではないでしょうか。「お金を貯めたい」なら、**最強の方法は、あらかじめ貯めたいお金を先取りしてしまう、「先取り貯蓄」です。**

「金利が低いから貯金しない」は間違い

「先取り貯蓄を始めよう」というと、「でも、こんなに金利が低くては、貯金しても増えないから意味がない」という人がいます。

けれど、それは大きな間違いです。

なぜなら、ある程度のお金がない人にとっては、預けるお金がないわけですから低金利も高金利も関係ないのです。ゼロにどんなに高い金利を掛けても、ゼロはゼロ。金利が高いか低いかを気にしなくてはならないのは、お金がある人だけです。

大切なのは、今のような低金利の中で、先取り貯蓄でコツコツとお金を貯め初めて、まとまった貯金をつくっておくことです。一番ラッキーなのは、貯めているうちに高金利が来ること。そうしたら、貯めたお金を高金利で預ければ、お金は大きく増えます。

しかも、今はデフレという状況です。**デフレの中では、モノの値段は下がる傾向にある。**昨年1万円で売っていたものが、今年は9500円になっているのがデフレ。ということは、昨年1万円札を出してそのモノを買ったらそれだけですが、今年1万円札を出して買ったらそのモノと500円のお釣りがきます。つまり、1年間で1万円の価値が500円分上がっているということで、銀行にお金を預けてもほとんど利息はつきませんが、実質的な貨幣価値は上がっているということ。今が貯めどきなのです。

結論

お金を「残して」貯めようとしても、実際に貯まるのはストレスだけ。低金利の今こそ貯め始める時期、まず先取り貯蓄を始めましょう。

利率の良い銀行をさがして、積立預金をしてはいけない

積立預金の前に、どこで積立てるか考える

お金を貯めるには、コツコツと積立をしていくことが大切ですが、積立にも、検討する順番があります。有利に積立をしたいと思うなら、検討する順番を間違わないことです。

検討する順番は、次のようになります。

（１）社内預金
←
（２）財形貯蓄
←
（３）給与振込銀行での自動積立

（1）一番利率が良いのは「社内預金」

会社に社内預金の枠いっぱいに積立をしましょう。なぜ、社内預金が一番かと言えば、あらかじめ給料から引かれてしまうので、税金だと思えば諦めもつく。また、**社内預金の金利は、最低でも0・5％以上**と決まっています（労働基準法第18条第4項の規定に基づく省令）。現在の銀行金利は0・001％ですから、銀行の500倍もの金利がつくということです。

（2）給与天引きで楽な「財形貯蓄」

会社に、社内預金はないが財形貯蓄はあるという人は、社内預金よりも金利は低いですが、**財形貯蓄も社内預金と同じように給与天引きなので、一度申し込めば、忘れていてもお金が毎月貯まります。**

財形貯蓄には、一般財形、住宅財形、年金財形の3種類がありますが、まずは住宅財形からスタート。一般財形は通常の預金同様に利子に税金がかかりますが、住宅財形と年金財形は元金550万円までは条件に合った使用をすると利息から税金を引かれません。また、条件にあった使用をしなくても、課税は5年を遡ってとなります。

(3)「給与振込銀行での自動積立」も自動的に貯まる

会社に、社内預金も財形貯蓄もないという人は、給料が振り込まれる銀行の自動引き落としで積立をしましょう。給料が振り込まれた次の日くらいに積立が引き落とされるようにセットしておくといいでしょう。

給与振込口座のある銀行で貯めるメリットは大きい

実は、お金を貯めようと思った時に、陥りがちな間違いがあります。それは、少しでも金利の高い金融機関に預けようとすること。

どうせ預けるなら、少しでも金利が高い銀行に預けたほうがトクだと思いがちですが、それは間違い。給与振込口座と違う銀行で積立預金を始めると、そのお金を毎月その銀行に持って行かなくてはいけないので、面倒になってやめてしまうケースがほとんど。振り込む場合も手数料が毎月掛かります。中断すれば、そこからお金が増えません。

自営業の方は、サラリーマンと違って毎月決まった額の給料が振り込まれるわけではないこともあり、月々〇万円という、決まった額の積立をしていくのは難しい。

ただ、自営業者は、商売で使う銀行などの振込口座を自分で指定できます。まず、商売用の振込口座と生活口座のふたつを用意し、生活口座に月々一定額の生活費をいれるということにすると、サラリーマン同様に給料感覚で生活できます。

また、**最近は、あらかじめ指定した日に引き落とし口座の残高が最低指定残高以上の時には、その超過分が自動的に積立てられるスイング方式、スイングサービスをしている銀行もあります。**たとえば、月の生活費が30万円だったら、仕事先からのお金が振り込まれる口座から、毎月25日に30万円ずつ生活口座にお金が振り込まれるようにしておきます。そして、そのお金で生活するようにしていけば、取引先からの振込口座には自動的に30万円を超えたお金が積立られていくわけです。

結論

少しでも利率の良い銀行で積立預金をしたいと思うのは山々だが、積立るなら社内預金→財形貯蓄→面倒のない給与振込口座の順に検討する。

タンス預金を、してはいけない

なんとゴミの中から！　４２５１万円

最近、ゴミの中から大金が発見される事件が、後を絶ちません。

２０１６年は、４月に京都で現金２３００万円、２０１７年４月に群馬で４２５１万円、５月に奈良で２０００万円、６月に福島で１０００万円、10月には富山で１０００万円、京都で１２００万円、11月には富山で１７００万円が発見されています。１００万円単位の現金だと、もっと頻繁に見つかっています。

実は、**現金の落とし物も多く、警視庁によれば同じ年の現金の落とし物は、総計約38億円。バブル末期でも35億円だったそうなので、バブル期以上ということ。**

バブルの時のような景気の良さはないのに、なぜ、こんなにゴロゴロ現金が落ちているのかといえば、日銀のマイナス金利の影響です。どうせ銀行に預けても利息がつかないのだからと、「タンス預金」が増えたせいだと言われています。

日銀によると、個人のお金は1829兆円あり、そのうち78兆円が1万円札として市中に出回っています（資金循環統計・2018年3月末）。この中にはみなさんが買い物をするためにお財布に入れているお金も含まれているので、こうしたお金を差し引くと、**43兆円ほどが「タンス預金」になっていると言われています。**

上がる「振り込め詐欺」の窓口阻止率

「タンス預金」が増えているせいか、「振り込め詐欺」などの特殊詐欺の件数も増えています。2017年に全国の警察が認知した件数は1万8212件で、対前年比28・7％増。ただし金融機関の窓口での阻止率は年々上がってきています。

警視庁の発表によると、2011年に53・1％だった阻止率は48・7％（12年）、48・1％（13年）といったん下がったものの、53・5％（14年）と持ち直し、その後は55・3％（15年）、57・2％（16年）、58・7％（17年）にまでなっています（「平成29年における特殊詐欺の状況について」より）

なぜこのような阻止が可能なのでしょうか。お金を銀行に預けていれば、かかってきた電話で「お金を用意して！」と言われても、わざわざ銀行まで行って引き出さないといけません。そして今は、**年配の人が銀行で大金をおろそうとすると、必ずと言っていいほど「何にお使いになるのですか？」と窓口の係員に聞かれます。**

さらに、高齢者のＡＴＭでの現金の引き出しについては、一定金額までしか引き出せないという制限をかける金融機関も約半数にのぼります。

銀行だと１００万円単位で引き出し制限をしていて、信用金庫などは50万円までというところが多いですが、高齢者が多く利用している東京の巣鴨信用金庫では、カードで引き出せる金額の上限を10万円までに限定しています。

８割が、「自分は被害にあわない」と思っている！

確かに今、銀行にお金を預けても、ほとんど利息はつきません。

また、年配の方の中には、２０００年前後に多くの金融機関が破綻した記憶があって、銀行不信に陥っている方も多いかもしれません。

けれど、**今はそんなに簡単に銀行を倒産させない仕組みになっている**し、もし倒産したとしても、預金保険機構で銀行（信用金庫等も含む）一行あたり、預金１０００万円プラス利息までは、確実に守られることになっています。ですから預金が３０００万円あってどうしても破綻が心配というなら、1000万円ずつ3つの銀行に分けて預けましょう。

2017年3月発表の内閣府の調査では、「自分は詐欺被害にあわない」と回答した方が39・6％。「どちらかといえば、被害にあわない」を含めると80・7％と、約8割が、自分が騙されるということは想定していないようです。年代別に見ると、30代以上では高齢になるほど騙されない自信のある方が増えていて、70代以上では50・7％の人が「自分は被害にあわない」と思っているようです。

けれど、**現実問題としては、「オレオレ詐欺」の被害者の96％が高齢者。**「詐欺にあわない」と自信を持つよりも、「もし詐欺にあったらどうしよう」ということを考えたほうが良さそうです。

結論

「タンス預金」ではなく、銀行に預けましょう。家にあると、詐欺にあいやすくなったり、「病気」「孤独死」でゴミと一緒に捨てたりする可能性も。

複数口座に、お金を分けてはいけない

日銀のマイナス金利の副作用

銀行口座を、やたらとたくさん持っている人がいます。教育資金の口座、旅行用の口座、帰省用の口座……でも、これからは、口座をたくさん持っていると、そのぶん手数料をたくさん払わなければならなくなるかもしれません。

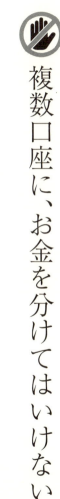

日銀に黒田東彦総裁が誕生した２０１３年以来、日本は、金融緩和路線をまっしぐらに走ってきました。日銀は、銀行から年間80兆円という国債を買い上げ、その代金を現金で銀行に渡すことで、それを銀行がみんなに貸し出し、金回りをよくしてデフレ脱却を目指しました。

「2年でデフレ脱却」目標を掲げたにも拘わらず、5年たっても兆しも見えない。

なぜなら、安倍政権になってから企業の内部留保は１００兆円も増え、今や４００兆円にもなっています。これだけ貯金があれば、わざわざ銀行になどお金を借りに行かなくてもいい。個人も、給料が上がらないので、住宅ローンなど大きなローンは組みたがらない。ということで、どんなに日銀からお金が流れてきても、銀行は貸し出す先がない。そこで仕方なく、銀行は0・1％でしたが利息がついた日銀の中にある当座預金という口座にお金を預けていました。

ところが、それでは銀行から外にお金が出て行かないということで、これ以上当座預金にお金を預けたら、預けたお金の金利をマイナス0・1％にするという「マイナス金利政策」を、2016年2月から始めたのです。

銀行の3つの生き残り戦略とは

日銀がマイナス金利政策を始めた当時の当座預金の預金残高は約270兆円。ところが、**この当座預金残高が減るどころか、2018年5月時点で390兆円と、120兆円も増えているのです。**手数料を取られるので預けたくはないが、融資も投資もできないので預けざるを得ない。それくらい、銀行は、運用に困っているということです。

マイナス金利政策の結果、それまで銀行を支えていた、「お金を貸して利息を稼ぐ」というビジネススキームは完全に崩壊してしまいました。

２０１８年３月末の決算を見ても、銀行は軒並み収益が悪化しています。それも、今回だけのことではなく、マイナス金利政策導入以来、真綿で首を絞められるようにじわじわと悪化しています。こうした状況の中で、銀行が生き残る方法は３つしかない。

（１）「少しでも利率の高い、カードローンやマンション投資に力を入れる」
（２）「イチかバチかで利益が高そうなところで勝負する」
（３）「手数料を様々なところで稼ぐ」

（１）の「少しでも利率の高い、カードローンやマンション投資に力を入れる」では、多くの銀行がカードローンで多額の貸し込みをし、自己破産が急増して、社会的に問題化しています。また２０１８年、シェアハウス投資で多くの破産者が出て、スルガ銀行など融資した銀行が糾弾されています。ですから、この分野に進出するのは難しい。

（２）の「イチかバチかで利益が高そうなところで勝負する」という方法ですが、これは銀行が最もやりたくないこと。もし、勝負に出て負けたら、デフレの中では取り返しがつかないことになって屋台骨が傾ぐ可能性があるからです。

残る生き残り策として最も大きいのが、（3）「手数料を様々なところで稼ぐ」ということです。稼ぐのに最も有効なのは、銀行利用者に投資をさせること。投資でお金を出す人は、儲かることもあれば損することもあるのでリスクを負います。けれど、**金融機関は、投資する人が儲かっても損しても必ず手数料を稼ぐことができるのでノーリスクで儲けられるのです**（詳しくは第5章でお話しします）。

もう1つ手数料を稼ぐ方法が、振込手数料をはじめとした各種手数料を取ること。その一環として、大手銀行では、今まで無料だった銀行の口座の維持管理手数料を取ることを検討し始めています。

だとしたら、銀行口座は、バラバラと持っているよりも、なるべくまとめたほうがいいということになります。

結論

マイナス金利政策のため、これからは銀行に口座を持っているだけでお金を取られるかも。なるべくまとめて数を減らしておきましょう。

マイホームを、資産と考えてはいけない

将来値上がりしない負の資産かも

これからマイホームを買おうという人は、「将来値上がりする」などとは考えないほうがいいと思います。

こう言うと、すでにマイホームを購入している人の中には、「値上がりすると言われて買ったのに！」という方も多いことでしょう。

私は、個人的にはずっと「マイホームの価格は下がる」と言い続けてきました。今から30年ほど前に、ミサワホームの創業者で社長だった三澤千代治氏にインタビューした時に、「荻原さん、これからは地価も住宅価格も下がり続けていくよ」と言われたことがきっかけでした。

その時、**三澤氏が理由としてあげていたのは、日本の「グローバル化」**でした。「日本は、世界で一番地価が高いが、グローバル化でそれが世界並みになっていく。だとす

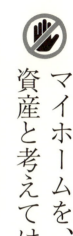

れば、下がっていくしかないでしょう」。

しかも、その後さらに日本の地価を押し下げる大きな要因が2つ出てきたのです。

会計制度が変わって、土地は上がらなくなった

日本の地価を押し下げる1つ目の大きな要因は、「グローバル化」とも関係しますが、会計制度が変わったことでしょう。以前の会計制度は簿価会計で、土地でも金融資産でも、買った時の価格が帳簿上の価格となっていました。そのため、100万円の土地に実際には1億円の価値があっても帳簿上は100万円ということで、差額の9900万円は「含み資産」として帳簿には載っていない資産として温存されていました。こうしたものがあると、企業はいざという時に売却すれば利益を出すことができます。

バブルの頃までは、日本では土地も株も右肩上がりだったので、土地や株を買えば買うほど、この「含み資産」が増えていました。

ところが、**グローバル化の中で、2001年3月末決算から、買った時の価格が帳簿上でずっと続く簿価会計から、期末時点で資産を評価し直す時価会計に変わりました。**

そうなると、下手に土地や株などを買って価格が下がると、不良債権を抱えることにな

ります。

バブル崩壊後、日本で地価や株が下がり続けたのは、それまで株（持ち合い）や土地の一番の買い手だった企業が、一番の売り手になってしまったからにほかなりません。

土地の売り手は、企業だけではありません。後継者のいない三大都市圏の農地が、バブル崩壊後、住宅地として大量に放出されてきています。なぜなら、宅地並みの税金がかかるけれどいつでも売れるという農地が三大都市圏の周囲にはたくさんあって、相続税が高いので相続税対策として続々売り出されているからです。

都心でも、30％が空き家になるかも

２つ目の大きな要因は、少子高齢化です。

今や１人っ子はあたりまえの時代。１人っ子と１人っ子が結婚すれば、将来的に両親が他界すると、家が１軒余ります。

現在、都心でも10軒に１軒は空き家だと言われていますが、野村総研の試算では、２０３３年には30％が空き家になるとのこと。

さらに、マンションには老朽化の問題が出てきています。

今日本には、６４４万戸（２０１７年）のマンションがあって、このうち**10年後に築40年を超えるマンションは１８５万戸あります。**

築40年といえば、そろそろ建て替えを考えなくてはならない時期ですが、建て替えられるマンションはほとんどなさそうです。なぜなら、築40年のマンションに住んでいる人は、ほとんどが年金生活。建て替え費用が捻出できないからです。

このように、日本では土地も家屋も様々な問題を抱えています。しかも、空き家問題にしても建て替え問題にしても、いまだ有効な手段がありません。

土地も家屋も、値上がりの見込みはなく、有効な資産にはなり得ないのです。

結論

企業が土地の売り手にまわり、１人っ子が増えて空き家が急増。おまけに、マンション老朽化も進むので、マイホームは今後は資産になりません。

老後に備えて、バリアフリー住宅を買ってはいけない

意外なところに、バリアフリーの落とし穴

なんでも「バリアフリー」という時代になって来ています。

「バリアフリー」とは、バリア（障害）を取り除いてフリー（自由）になるという意味で、特に住宅の「バリアフリー」は今や新築物件の大きな売りとなりつつあります。

新築で家を買うのは30代が多いですが、「バリアフリーになっているので、老後も車椅子でらくらく生活できますよ」などと言われ、将来のことを考えて少し高くてもこうした住宅を買おうという人が多いようです。

けれど、若いうちから本当にバリアフリー住宅が必要でしょうか。神奈川大学教授の小山和伸氏は、**「車椅子に頼らざるを得ない人にとっては段差のないバリアフリーは必須である。しかし、転倒リスクを減らすためのバリアフリー化は、段差への注意力と筋力の低下を招き、かえって屋内外での転倒を助長する危険がある**」と述べています。

また、認知症介入指導協会のホームページにも、「老化した身体には安全が必要です。しかし、安全を優先しすぎたバリアーフリーは、筋肉の老化を早めます」とあります。家の中のバリアフリーに慣れすぎて、外に出た時にちょっとのことでつまずいてしまうというケースもあるようです。

そもそも**昔ながらの日本の家は、筋力を鍛えられるつくりになっています**。玄関には小上がりがあって上り下りせねばならず、階段も急勾配の家屋も少なくはありません。日本体育大学の岡田隆准教授によれば、階段の上り下りは安静時の3・5倍のエネルギーを使い、下半身を鍛える最高の筋トレになるのだそうです。

雨戸の開け閉めは、背筋が伸びて背筋を鍛えそうだし、布団の上げ下ろしはスクワットのように腿の筋肉を鍛えそうです。また、家の中に段差があると、それにつまずかないように気をつけなくてはならないので注意力や集中力も鍛えられます。

スポーツジムに通うのもいいですが、若いうちはこうした家で、生活しながら自然に筋トレしていくというのもいいのではないでしょうか。また、最近は外で遊ばない子供が増えているので、こうした子供にとっても、なんの障害もない家よりも筋トレや体力増強に役立つのではないでしょうか。

1割負担で手すり工事

もちろん、高齢者になったらこうした家はきついので、バリアフリーに改装しましょう。手すりの取り付けや段差の解消など、6種類のリフォームが、介護保険制度を利用して、たった1割負担で工事ができます（1人につき20万円まで）。対象になるのは要介護認定を受けている65歳以上の第1号被保険者、そして40歳以上65歳未満の第2号被保険者です。ならばこの年齢まで待つほうが、むしろ得ではないでしょうか。

高齢になったときに必要となるリフォームは、人によって違います。あらかじめ手すりがついていると、腰が曲がってきたのでもっと低いところに手すりが欲しいと思うかもしれません。車椅子を使おうと思っても、手すりで廊下が狭くなって自分にちょうどいい車椅子が通れないというようなことになる可能性もあります。また、車椅子の生活になると、キッチンの流しが車椅子のまま使うには高すぎて、結局また大改装しなくてはならないというようなことになるケースも多いようです。

だとしたら、若いうちはちょっと不便でも筋力が鍛えられる家、そして老後には、老後の生活にあった住まいに整えるというのが大切です。

「世界で最も幸せな国」と言われている福祉先進国デンマークには、以前「プライエム」という完全個室のバリアフリー施設がありました。けれど、あまりに至れり尽くせりのバリアフリーであるがために、活気のないミニ病院のようになってしまい、入居者の心身の虚弱化が進み「人生の最後を迎える待合室」などと言われました。そこで、1988年以降、デンマークでは「プライエム」の新規の建設はストップされています。

その代わりに建築が進められたのが、その人にあった生活ができる高齢者の自立生活支援型住宅「プライエボーリ」。**右手が使えなくなったらスタッフが料理をつくって口まで運んでくれたのが「プライエム」なら、右手が使えなくなってもまだ左手が使えるのだから、左手で料理を作れるようにするというのが「プライエボーリ」。**

どちらが余生を充実して生きられるかは、明白でしょう。

結論

バリアフリー住宅に、あまり若いうちから慣れすぎるとデメリットも。老後の住まいについては、老後に考えてもいいのでは。

「普通」に暮らせば、なんとかなると思ってはいけない

手取りが減って、普通の暮らしが遠のいた

私たちは「普通」という言葉をよく使います。「普通」に暮らせば、これといって特別なことをしなくてもやっていけると思っている人は多いでしょう。

けれど、**努力しなくても「普通の暮らし」「人並みの暮らし」が手に入ったのは、20年前まで。当時は、会社で働く人の約8割は正社員でしたが、その割合はこの間に減り続けて、現在約6割。職場によっては、割合が逆転しているところもあります。**

また、正社員でも、収入は一律ではありません。高度成長時代の終身雇用で給料が右肩上がりという会社は姿を消し、仕事の実績で給料も左右される時代になりました。

給料が伸びない中、会社の福利厚生がどんどん削られ、社会保険料や税金は値上がりし続けています。つまり、実質的な手取りが減っているのです。

そんな中で今までどおりの生活を続けていきたいなら、家計の見直しが必要です。

「資産の棚卸し」をしよう！

商売では、どんな商品がどれくらいの数量あって、トータルでいくらくらいになるかを定期的に調査、確認します。これが、「棚卸し」。これを資産に活用し、**自分が、どんな財産を、どれくらい持っているのかを調べ直す「資産の棚卸し」**をしましょう。

みなさんは、預貯金や債券などプラスの資産も持っているかもしれませんが、人によっては住宅ローンや自動車ローンなど、返さなくてはならないマイナスの資産も持っていることでしょう。

こうしたものを、一度総ざらいして確認して、書き出してみる。書き方は自分が見やすい様式でいいですが、ポイントは一枚の紙に書くこと。もしノートなら、見開きで。**一枚の紙に書くと、プラスの資産もマイナスの資産も一目瞭然で、見比べられる**からです。

88〜89ページの表は、参考までにその書き出し方を提案したものですが、みなさんが持っている資産はそれぞれ違うもの、必ずしもこれと同じでなくてもかまいません。自分が見やすいようなものを作ってください。

そして、書き出したら、眺めてみる。すると、「どうも、思いのほか住宅ローンが多い」「投資商品が多いけれど、買った時より目減りしている」など、いろいろなことが見えてくるはずです。

「資産の棚卸し」で、まず大切なのは、この「資産の見える化」をすることです。

資産管理は、「棚卸し」→「見える化」→「健全化」で

「**資産の見える化**」で、今の自分の資産の状況がわかったら、次は、それに対して対策を立てることです。

「マイナスの資産が多い」と思ったら、プラスの資産を取り崩してマイナスを減らしましょう。取り崩すほどプラスの資産がない人は、マイナスをいつまでにどう減らすか、計画を立てましょう。

これが、次の段階の「**資産の健全化**」につながります。

例えば、いくつもローンを抱えているなら、今あるプラスの資産を取り崩して、金利が高いローンから返済していく。取り崩すプラスの資産が少なければ、それを作るための計画を立てる。「１００万円のカードローンを2年以内に利息も含めて返すためには、

不動産			
場所	種類	面積	評価額
富士見町	自宅	30坪	1500万円
千代田町	投資用マンション	10坪	600万円
不動産小計			**2100万円**

土地や不動産は、今売った場合の金額を記入します。近所の不動産会社に査定を依頼すれば、計算してもらえます。もしくは、同じマンションの最近の売買例なども参考になります。

車や宝石など			
種類	名義人	数量	時価
自動車	山田太郎	1	100万円
			円
車や宝石など小計			**100万円**

車やオートバイ、宝石や貴金属、ブランド物の時計、バッグなど、換金価値の高そうなものを記入します。中古車販売店や質屋で買い取り価格の査定が可能です。インターネットは数社の見積もりを一度に取れるので、便利です。

負債			
金融機関	種類	金利	残債
○○銀行	住宅ローン	3%	-3000万円
×× 銀行	教育ローン	4%	-100万円
▲▲銀行	投資マンションローン	3%	-900万円
負債小計			**-4000万円**

カード会社や消費者金融からの借入額や、住宅ローン、教育ローンの残債額を記入します。他に、分割払いしている金額の大きい商品があれば、その未払い金も記入しましょう。

合計	500万+500万+2100万+100万-4000万=-**800**万円

=今ある資産

荻原博子『老前破産』(72-73ページ)より

ノート見開きに書き出す「資産の棚卸し」

老前破産に陥らないために、ぜひやっておきたいのが「資産の棚卸し」。貯蓄のほか、保険、不動産の金額を時価で出してみましょう。大まかな額がわかれば大丈夫。これを踏まえて、将来設計をしてみましょう。

貯蓄や投資信託・株式など			
金融機関	貯蓄の種類	名義人	金額
○○銀行	普通預金	山田太郎	100万円
×× 銀行	定期預金	山田花子	300万円
△△証券	投資信託	山田太郎	100万円
			円
			円
貯蓄小計			500万円

預貯金はATMで現在の通帳残高を確認して記入します。

投資信託は「直近の基準価額」×「保有株数」で出すことができます。

株式は「前日の終値」×「保有株数」を時価と考えます。新聞やインターネットで、基準価額や株価を簡単に知ることができます。夫婦２人分の口座をもれなくチェックしましょう。

保険			
保険会社	保険の種類	被保険者	解約返戻金
●●生命	定期付終身	山田太郎	200万円
□□生命	終身	山田花子	300万円
			円
			円
保険小計			500万円

保険は「解約返戻金」（解約時に返ってくるお金）が時価になります。1年に1度送られてくる「保険内容のお知らせ」に記載されている額を記入しましょう。ただ、掛け捨ての保険には解約返戻金はほとんどありません。

月々4万5000円の貯金が必要」といった、具体的な計画を立てましょう。そして、この金額を貯めるために、仕事を増やしたり、妻がパートに出たり、社会人になっても家にいる子供に少しお金を出してもらうなど、様々な角度から方法を考えましょう。

現状を認識し、目標ができ、具体的にどうしていけばいいのかがわかれば、あとはその目標に着々と近づけばいいのです。

「資産の棚卸し」で、自分が置かれている状況を見て安心できる人もいれば、辛くなる人もいるでしょう。特に、ローンをたくさん抱えている人などは、できればそれを見たくない。けれど、**勇気を出してしっかり現状を見て、解決策を考える。自分で解決できないとわかったら、専門家の手を借りるのもいいでしょう。**

結論

何もしないでいると、現状維持どころか「普通」の暮らしさえできなくなります。「資産の棚卸し」で、家計の改善策を探りましょう。

給料の、額面だけを見てはいけない

なんと約30万円も、年間の手取りが減っている！

大和総研の試算によると、年収５００万円でも、２０１０年からの増税や控除の廃止や手当の減少、厚生年金保険料の値上げで、中学生以下の子供がいる家計の手取りは次ページの図のように徐々に減ってきています。

給料はそれほど減ってはいないにもかかわらず、家計がどんどん苦しくなっているというのは、額面から約30万円も手取りが減ってしまっているからです。

実は健康保険料、介護保険料なども値上がり傾向にあります。

４～６月は残業しない

みなさんご承知のように、社員の場合、厚生年金保険料、健康保険料、介護保険料は労使折半になっています。ですから、こうした保険料が上がっていくと、会社の負担も

年収500万円・片働き4人世帯の
実質可処分所得の減少要因

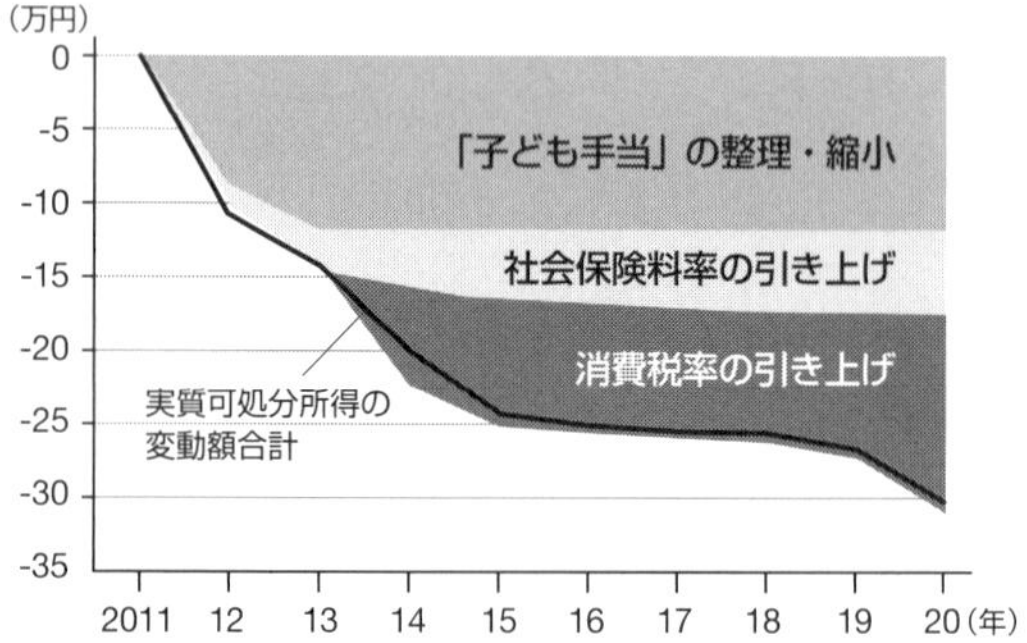

大和総研HP「消費税増税等の家計への影響試算」をもとに作成

増えていくということになります。では私たちに何ができるでしょうか。

厚生年金保険料、健康保険料、介護保険料は、原則として4月、5月、6月の給料の平均をベースとして決まります。

この給料の中には、残業代なども含まれています。つまり、4~6月にたくさん残業すると、その増えた給料をベースに社会保険料が計算されるために、社会保険料も高くなってしまうということです。

先ほど述べたように労使折半である保険料が上がるということは、会社の負担も増えてしまうということ。

だとすれば、**それほど大きくない会社なら社長と話して、なるべく4~6月は残業をな**

くし、そのぶん他の月に仕事を振り分けるような提案をしてみてはどうでしょう。働く人にも会社にも、双方にメリットのある話です。

庶民にまで降りてきそうな「高額所得者」狙いの増税

年収が多ければ、楽に生活していけると思ったらこれも大間違い。

ここにきて、「高額所得者」狙いの増税が目白押しになっています。

2018年には、年収1220万円超のサラリーマンについては、奥さんが専業主婦であっても、配偶者控除が使えなくなっています。配偶者控除が使えなくなるということは、そのぶん増税になるということです。

また、2013年から、年収の高い人の給与所得控除の上限が引き下げになっています。2013年には、年収1500万円超の給与所得控除の上限が245万円となりました。

2016年には、年収1200万円超の給与所得控除の上限が230万円となりました。2017年には、年収1000万円超の給与所得控除の上限が220万円となりました。

そして、2020年には、年収850万円超の給与所得控除の上限が195万円となりそうです。年収850万円といえば、「高額所得者」と言えるかどうか疑問なラインでしょう。

さらに、政府は、「年収1075万円以上」で「一定の職業」についている人を「高度プロフェッショナル」として、労働時間規制なし、残業代なしで働かせる方針です。

実は、この「1075万円以上」というのは、国会で審議しなくても厚生労働省の省令で1000万円以下に下げられ、「一定の職種」というのも、省令で広げられるようになっています。そうなると、給料は少し高くても、過労死するまで働かせるということになるかもしれません。

結論

給料の額面は変わらないのに、手取り収入が減っているのは、税金や社会保険料が増えているから。「高額所得者」でも安心できない時代です。

STOP 第3章

入ってはいけない保険、頼れる保険

——生命保険、健康保険

生命保険に、必要以上に入ってはいけない

どんな生命保険も、基本の保障は2つだけ！

子供がみんな社会人になったというのに、生命保険に大きな死亡保障をつけたままという方がいます。見直さないと、無駄に保険料を払い続けることになりかねません。

生命保険は複雑に見えても、基本の保障は2つ。1つは、死んだ時に死亡保険金が出るという保障。もう1つは、病気で入院した時（通院のケースも）に給付金が出るという保障。この2つの保障はそれぞれ、1年ごとの掛け捨てです。

例えば死亡保障の場合、どんなに大きな保障に入っても、自分が死ななければ支払った保険料は死んだ誰かに回されて終わります。もし、予定より死亡する人が少なければ、「死差配当」という配当金のかたちで戻されてその年は終わります。ですから、仕組みとしてはクジのようなものだと思えばいいでしょう。

だとすれば、どんなに大きな保障をつけても、自分が死なない限り保険金はもらえな

い。そして、クジと同じ仕組みだとしたら、それほどたくさんの保障を高いお金を出して買おうとは思わない方もいるのではないでしょうか。

では、適正な保障額というのは、どれくらいの額でしょうか。

月15万円の遺族年金があれば、家族３人生きていけるかも

サラリーマンの夫に先立たれると、小さな子供を抱えた妻は、途端に路頭に迷ってしまう。ですから「たくさん保険金をかけなくては！」と思うかもしれません。

けれど、残された妻と子供には、夫の厚生年金から遺族年金が出ます。妻の年収が850万円未満だと、子供が２人いた場合、子供が18歳になるまで月々15万円前後出ます。

また、夫が銀行で住宅ローンを借りていたら、残りのローンは無くなります。

ローンがない家に住んで月々15万円前後もらえたら、妻がちょっとパートでもすれば路頭に迷うことはないでしょう。

ただ、そこで困るのが、子供の教育費。今、子供１人の大学までの教育費は約1000万円。２人だと2000万円かかりますから、そのぶんは保険でカバーしておきましょう。けれど、子供が社会人になると、教育費がかからなくなるので保険も必要なくなります。

医療保険については次項から詳しく書いていますが、こちらも過度に加入する必要はありません。

インターネットの保険は経費がかからないので、安い

これから生命保険に加入するなら、インターネットで入れば安くなります。なぜなら**ネット上には店舗も窓口係もおらず、保険会社が負担する経費が安くなるからです。**各保険会社が商品の前提としている日本人の死亡確率は同じなのですから、当然ながら死亡の保障料も同じ。違うのはどこで申し込むかでかかる経費ということになるのです。

例えば、30歳の男性が40歳までの10年間、死亡したら1000万円の保険金が出るものに加入するとします。この場合、かんぽ生命の窓口で加入すると保険料は月2900円、インターネットで入るライフネット生命だと1068円。死んだら同じ1000万円をもらう保険なのに、10年間の支払い差額は約22万円です。

つまり、10年の間に死亡したら同じ1000万円が支払われますが、もし死ななかったら、保険料が安いぶんトクをするということです。

ただ、インターネットで入るにしても、過度に入る必要はありません。

例えば、前述のライフネット生命で、30歳の男性が50歳まで保険に入るとして、死亡保険金2000万円と5000万円のものを比較してみましょう。保険金2000万円なら月々の保険料は2588円、5000万円なら月々6095円で、20年間の払込の差額は約84万円。

つまり、いま30歳の男性が50歳までに死亡すれば保険金額5000万円のほうが3000万円も多く保険金を受け取れますが、50歳まで死ななければ、約84万円も多く保険料を支払うということになります。

あなたなら、どちらにしますか？

結論

生命保険は、子供が社会人になるまで、必要最低限の金額で入りましょう。その場合、ネットで入ったほうが、保険料は断然安くなります。

「持病があっても入れる保険」に飛びついてはいけない

持病を抱えた更年期世代に人気だが……

50歳を過ぎた頃から、なんとなく頭痛や耳鳴り、手足の冷えを感じるといった人は多いようです。男女ともに50歳前後に更年期に入ると言われていて、動脈硬化が進んだり、心筋梗塞や脳卒中になったりするリスクも、この頃から高まると言われています。中には、糖尿病の気《け》が出てくるという人もいるようです。

そういう人たちに人気なのが、**「持病があっても入れる保険」。でも、本当に飛びついていいのでしょうか？**

「持病があっても入れる保険」にも、条件のハードルが低いものと無条件のものがあります。無条件のものは対象外の病気も多く保険料がかなり高くなるので、ここでは比較的条件のハードルが低いもの（引受基準緩和型）について見てみましょう。

その特色は、総じて簡単な告知で入れることです。会社にもよりますが、通常保険に入る時には医師の診断や細かな告知が必要で、そこで病気が見つかると保険に入ることができないケースも出てきます。オリックス生命の「新キュア・サポート」の場合、次の４項目がすべて「いいえ」なら、申し込めます。

1　最近3か月以内に、医師から入院、手術、検査のいずれかをすすめられたことがありますか。または、現在入院中ですか。

2　最近3か月以内に、がんまたは上皮内新生物・慢性肝炎・肝硬変で、医師の診察、検査、治療、投薬のいずれかをうけたことがありますか。

3　過去2年以内に、病気やけがで入院をしたこと、または手術をうけたことがありますか。

4　過去5年以内に、がんまたは上皮内新生物で、入院をしたこと、または手術をうけたことがありますか。

見るとわかるように、誰もが入れるわけではないものの、普通の生命保険よりは条件が緩いというのがポイントです。がんになった人も5年経てば入れるわけです。

支払削減期間のイメージ

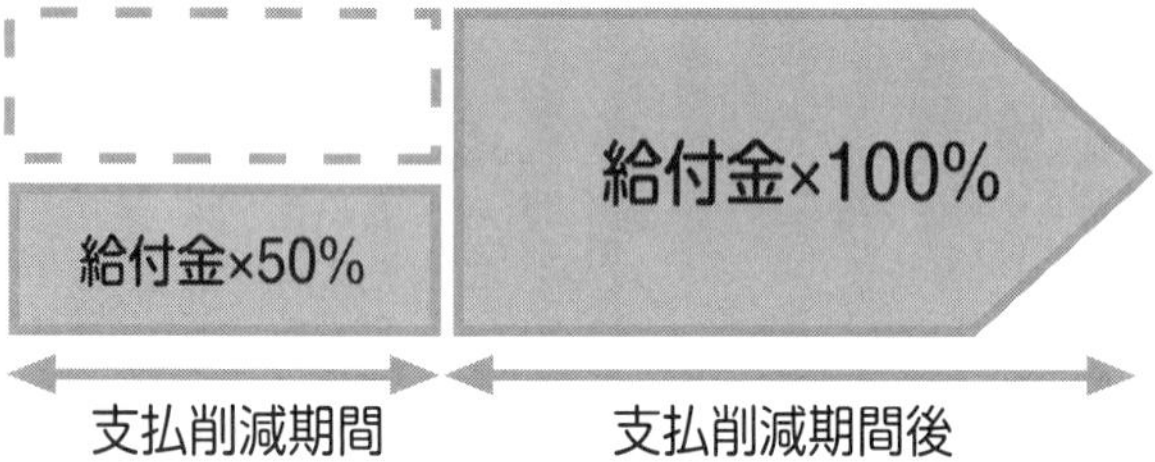

条件が緩いぶん、保険料は高い

ただし「持病があっても入れる保険」のデメリットはその後です。加入条件が緩くなっているぶん保険料が高い。通常の保険の1・5倍から2倍の保険料になっています。

しかも、保険は年齢が上がれば上がるほど保険料は高くなりますから、60歳でこの手の保険に加入しようと思ったら、保険料が安いネット加入でも、1日1万円の入院給付金を得たいとすると、月の保険料は1万3000円くらいになります。

支払削減期間で減額されるかも

また、加入したからといって、すぐに満額の給付金が保証されるわけではありません。

加入してすぐ病気が発症、保険金や給付金を支払うのでは保険会社の割に合わないので、支払い削減期間というものが設けられている商品がたくさんあります。「加入して1年間は、病気が発生しても半額しか支払われない」などの規約があるのです。

実は、病気によっては普通の生命保険でも入れるものもあります。まずは、普通の生命保険でいろいろな会社に当たってみて、ダメだったら「持病があっても入れる保険」を検討した方がいいでしょう。

また、そもそも保険に入らなくてはいけないのか、基本的なことも考えてみる必要があります。

結論

「持病があっても入れる保険」は通常よりも割高で、保険金もすぐに満額は出にくいものが多い。まずは普通の生命保険を検討してみましょう。

国の「健康保険」を、軽んじてはいけない

「高額療養費制度」なら、100万円の入院でも自己負担約9万円でOK

日本は、国民皆保険。そのため、医療費負担は低く抑えられています。働く世代は3割負担で、入院して100万円の医療費がかかったとしても、本人負担は30万円。それだけでなく、「**高額療養費制度」という制度で、一定額以上かかった医療費は、申請すれば返してもらえます**。時々混同している人がいますが、これは18ページでお話しした医療費控除とは別物で、1ヶ月に負担する医療費の上限が定められているのが特徴です。

前述の100万円の医療費がかかったケースで考えましょう。この方が69歳以下なら、実質的な自己負担は8万7430円。30万円支払ったら、21万2570円を申請すれば戻してもらえます（年収約370万円から約770万円の場合）。

しかも4回目からは上限が4万4400円に下がるので、半年入院しても医療費の自

高額療養費制度の利用例

高額療養費制度とは、医療機関や薬局の窓口で支払った額が、1ヶ月（月の初めから終わりまで）で上限額を超えた場合に、その超えた金額を支給する制度。　※入院時の食費負担や差額ベッド代等は含まない。

〈例〉サラリーマン・年収約370万円～約770万円の場合（3割負担）
100万円の医療費で、窓口の負担（3割）が30万円かかる場合

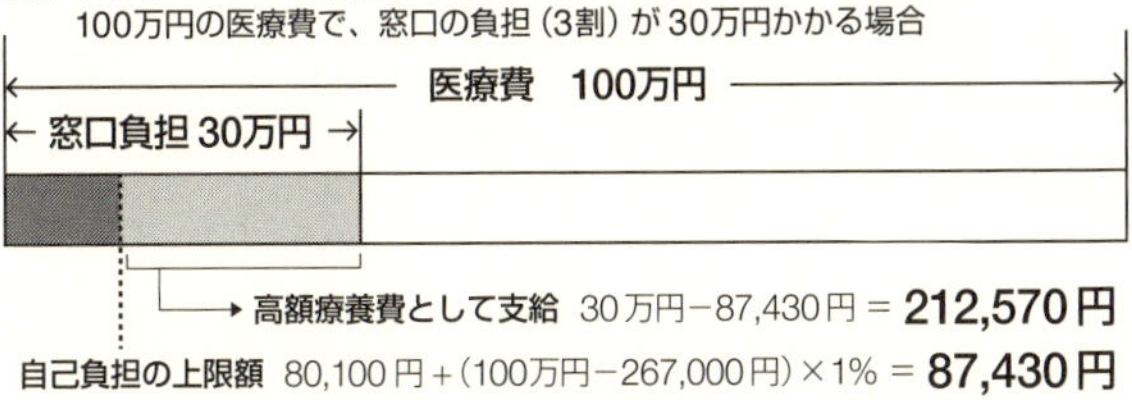

➡ **212,570円が高額療養費として支給され、**
実際の自己負担額は87,430円となる。

己負担は50万円もかかりません。

さらに、今は入院期間も以前より短い傾向にあります。病院のベッド数が足りないので、患者の多くは1ヶ月以内に退院しています。癌の手術でも、10日くらい入院して、あとは自宅療養というケースもよく聞きます。

だとすれば、それほど多額の医療保険に加入する必要はありません。

医療保険は、入院日数（通院対応のものも）によって支給されます。つまり、1日1万円支給される医療保険に入っていても、10日しか入院していなければ、入院に対する給付額は10万円ということ。「〇日までは免責」という条件がついている保険だと、給付額はさらに減ります。

高齢になるほど低負担

若い方は病気や怪我も少ないので、医療費負担をそれほど気にしないかもしれません。けれど高齢者になると、何もしなくても自然に身体の節々が痛くなって病院に行く回数も増えるので、医療費負担が気になって来ます。

けれど、**年齢が上がれば、医療費負担は逆に低くなります**。例えば70歳以上で一般的な収入（年収156万円から約370万円）の方は、どんなに高額な治療を受けても、「高額療養費制度」で負担額の上限は月5万7600円です。月に1000万円の治療を受けても2000万円の治療を受けても、健康保険の対象内の治療なら上限は月5万7600円。年収80万円から156万円までだとこの上限は月2万4600円。年収80万円以下だと上限は月1万5000円になります。

しかも、69歳以下と同じように、4回目からはさらに安くなります。

今は、高齢者だからといって、長く病院においてはくれません。長引く時には介護のほうにまわされますから、それほど医療費の自己負担はないのです。

「世帯合算」の仕組み

実は、家族で同じ保険制度に入っているなら、「高額療養費制度」では、負担額をさらに低くすることができます。

例えば、70歳を過ぎたAさんと妻が一緒に入院していて、それぞれ月100万円の治療を受けたとします。この場合、一般的な収入なら「高額療養費制度」1人の上限は月5万7600円なので、2人なら倍の11万5200円になりそうな気がしますが、「世帯合算」という仕組みがあって、2人の合計11万5200円にさらに「高額療養費制度」を適用できるので、2人合わせた実質的な支払額は月5万7600円になります。

こうしてみると、**老後でも2人で200万円前後の蓄えがあれば、医療費はだいたい間に合う。**そのために、高い保険料を給料から引かれているのですから！

結論

給料から支払っている高い健康保険料、その仕組みをよく知っておけば、老後の医療費不安もそれほど感じなくて済みます。

「高度先進医療」に騙されて、医療保険に入ってはいけない

高額な保険適用外の治療を使う頻度はどれくらい？

入院や通院費用をカバーする医療保障も、96ページで触れた死亡保障と同じようにクジのような仕組みです。ですから、どんなに多額の保障をつけても、自分が入院しなくては支払った保険料は手元に戻らず、入院した誰かにまわされて1年ごとに清算されていきます。

「高額療養費制度」もあるので、そんなに保険に入らなくてもいいというのは前項までお話ししてきた通りですが、「そう言われても、健康保険の対象とならない治療となったら高額なのではないか」と心配する人も多いことでしょう。

確かに、がんの陽子線治療や重粒子線治療などは３００万円前後かかりますから、こうした治療を全額自己負担でしなくてはならないとなると大変です。

ただ、多くの人がこうした治療をしているのかといえば、そうでもありません。現在、

がんの治療をしている人は全国に150万人ほどいますが、そのうちで陽子線治療や重粒子線治療を受けているのは4000人弱。つまり、がんになってこうした治療を受ける確率は、0・3%強ということです。

ちなみに、2017年度の先進医療技術の実績報告を見ると、利用者が最も多い「多焦点眼内レンズを用いた水晶体再建術」(1万4433人)で平均技術料は約58万円。2番目に多い「前眼部三次元画像解析」(1万1595人)だと、3500円です。

特約保険料が、たった100円のワケ

「高度先進医療」を特約で医療保険に付加すると、特約保険料は月100円程度で、最高2000万円の治療を保障してくれます。

こう聞くと、なんだかお得な気がしますが、冷静に考えてみましょう。**みんなから100円程度の保険料を集めて2000万円もの治療の保障ができるということは、ほとんどの人は使っていない特約だということ。**

ですから、お守り代わりに付けておくというならそれもいいですが、保険会社が宣伝しているほど魅力的で多用されている保障ではないということです。これを目当てに、

保険に入るようなものではありません。

生命保険には、一見すると良さそうに見えて、実は、あまり使えない特約が多くあります。その代表的なものが、すっかり有名になった「疾病特約」です。

疾病特約保険料を支払っても、給付されるとは限らない

日本人の病気の上位を占めるのが「がん」「脳卒中」「急性心筋梗塞」。この3つのどれかになったら保険金が出るというのが「三大疾病特約」です。

ただ、**どんな状況でも、この3つの病にかかったら保険会社からお金が出るということではありません。**「がん」といっても、皮膚がん、上皮内がん（子宮頸がん、食道上皮内がん）などは保障対象でない規約のものが多い。「脳卒中」では、くも膜下出血、脳内出血、脳梗塞と診断された場合に限ります。また、「心筋梗塞」は「急性の狭心症」と診断された場合でも、最初に医者が診断をしてから60日以上まともに働けない状況が続いていないとダメ。

実際にはどうでしょうか。２０１４年の厚労省患者調査概況では、「心筋梗塞」の平均入院数は20・3日。「脳梗塞」だと、平均89・5日。「脳梗塞」の入院の内訳を見ると、

15歳から34歳までは平均入院日数が44・6日、35歳から64歳までは46・9日で、いずれも60日以下。全体の平均値が高いのは65歳以上が平均１００・７日だからです。

つまり、**「脳梗塞」や「急性心筋梗塞」になっても、65歳以下だと、この60日制限があるために、給付の対象から外れる可能性があるということです。**

もちろん、保険は確率の問題なので、こうした厳しい条件をくぐり抜けて給付される可能性もありますが、以前起きた保険金未払い騒動の中で、未払いが多かったのががん保険特約や三大疾病特約。

自分の保険についていていても請求していない人が多いということは、無駄につけたまま特約保険料を払い続けているということです。

結論

病気への不安で、保険にいろいろな特約をつけたくなりますが、実はその保険料が無駄になっている特約が意外に多い。

子供が生まれても、「学資保険」に入ってはいけない

おじいちゃんの成功体験は、もう通用しない！

「こどもが生まれて嬉しいけれど、先々の教育費が心配だ」――そんなご家庭は数多いことでしょう。

そんな時に勧められるのが、こども保険。特に、おじいちゃん、おばあちゃんがいるご家庭では、「郵便局の学資保険には、入っておいた方がいい」と必ず言われます。

なぜなら、今から**30年前、郵便局の学資保険に加入した人は、学資保険の運用利回りにあたる予定利率が高かったからです。ですから、この時期に加入していた人は預けたお金が2倍近くに増えた**のではないでしょうか。

その成功経験があるので、自分の孫ができたら学資保険を勧めるおじいちゃん、おばあちゃんが多いのですが、実は、表でもわかるように、低金利の中で運用利回りにあたる予定利率が史上最低まで落ちていて、今加入すると、損してしまうことになります。

生命保険会社の予定利率の推移

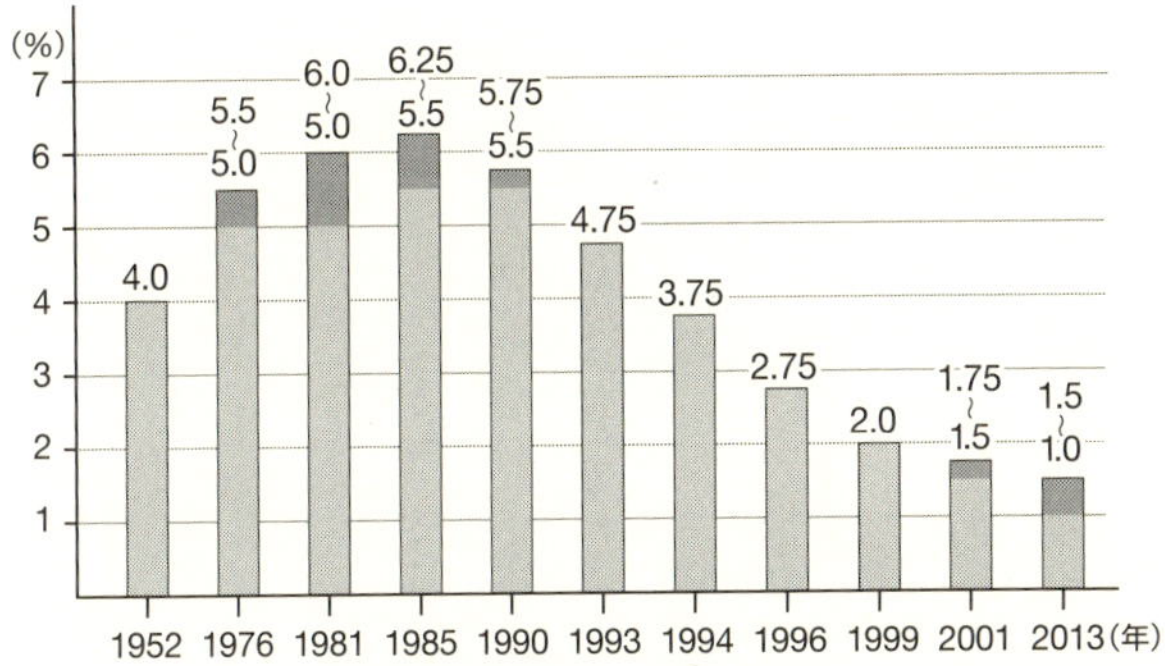

公益財団法人 生命保険文化センターHP
消費生活相談員向け「生命保険・相談マニュアル」等をもとに作成

こども保険は「貯金」になるか

こども保険は、保障よりも貯蓄性に重きを置いた商品がほとんどです。小さな時から積み立てておけば、将来の教育資金の足しになるというもので、特徴は大きく3つあります。

（1）子供に何かあった時の保障
（2）親（保険料を支払っている人）が死亡した時に以降の保険料の支払いが必要なく、商品によっては育英年金が出る
（3）貯蓄として教育費に備えられる

これらは本当に必要でしょうか。（1）の子供の保障、今は、全国ほとんどの自治体で乳幼児・子ども医療費助成をしていて、中学校までは医療費が無料というところが半数以上。ですから、わざわざ保険で保障を買う必要はないかもしれません。また、子供が死亡した場合、わずかばかりの保険金がもらえたと喜ぶ親もいないでしょう。

（2）の親の保障は、すでにお父さんがそれなりの生命保険に加入しているというご家庭が多いので、その保障額がある程度あれば必要ないかもしれません。

（3）の貯蓄は、今低金利なので運用利回り（予定利率）が1％前後と低い商品がほとんど。「1％なら、利率0・01％の銀行預金よりよい」と思うかもしれません。

けれど、**預金は1万円預けるとそこに0・01％ではあっても利息がつくので元本割れはありませんが、保険は、1万円の保険料を支払うと、払った保険料の中から保障の代金と保険会社の手数料が引かれて残りが1％で運用されていくことに注意が必要です。**ですから払った1万円が、なかなか1万円に戻りません。中途解約すると元本割れになるのはこのためです。

また、預金だと金利が上昇すれば預金金利も上がっていく可能性がありますが、保険の場合には、加入時の運用利回りが最後まで適用されます（変額タイプを除く）。

例えば、男の子が生まれた30歳のパパが、総額で130万円受け取れる学資保険に加入すると、保険料は月６７５０円。総支払額は１３８万円。１３８万円支払って１３０万円もらうというのは、トクとは言えないでしょう。

それも、**もらえるのは18年先ですから、インフレになっていたら貨幣価値が目減りしてさらにソンになります**。

中には、１００万円支払うと最終的に１０８万円戻ってくるという商品もありますが、20年後に８万円増えていても、日銀が目指す緩やかなインフレになると、物価が上昇し、貨幣価値が目減りしている可能性もあり得るので、おトクとは言えないでしょう。

結論

子供が生まれたら「学資保険」というのは、おじいちゃん、おばあちゃん世代の常識。これからの常識は「入ったら損になる」です。

保険で、貯金しようとしてはいけない

「保険で貯金」はソンになる

学資保険に限らず、今は、「保険で貯金」をするとソンする時代になっています。

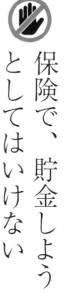

なぜなら、113ページの図「生命保険会社の予定利率の推移」でも説明したように、30年前は5・5％だった運用利回りが、現在はすでに1％前後にまで下がってきているからです。**保険の場合、加入する時に契約した運用利回りが最後まで続きます。**ですから、途中でインフレになって銀行預金の金利が5％くらいまで上がったとしても、保険の運用利回りは1％のままです。

しかも、保険と貯金の大きな違いは、前述したように保険は支払った保険料から様々な手数料が引かれるということ。保険である以上は掛け捨ての死亡保障か入院（一部通院）保障が付いていないと保険として成り立たないので、1万円の保険料を支払ってもそこから掛け捨ての保障料を支払います。さらに、保険会社はボランティアではないので、そこから会社の運営経費や社員の給料にあてる金額を差し引きます。

ですから、払った1万円が、実はこれらの手数料を引いて1万円以下になって、そこからの「貯金」スタートとなります。

商品や加入年齢、性別によってみんな違うので、どれだけ手数料が引かれるかは一概には言えませんが、例えば貯蓄性のある終身保険に1万円の保険料を支払うと、そこから保障と経費の代金が２０００円引かれ、残りの８０００円が年1％で運用されていくというイメージです。１％での運用だと、20年たっても払い込んだ額（1万円×12ヶ月×20年＝２４０万円）にはならないのです。

もちろん、その間に死亡すれば死亡保険金がもらえますが、「貯蓄」という側面だけで考えるとトクではないということです。

変額保険、変額年金ならどうか

「貯金」と考えたら有利ではない生命保険ですが、「投資」としてはどうでしょうか。

生命保険には、従来型のあらかじめ決められた利率で運用する（予定利率）ものの他に、運用次第でもらえる金額が変わってくる変額保険、変額年金などがあります。変額の場合には、運用次第で増えもするけれど減りもします。

ただ、**変額商品のネックは、手数料が高いこと。**通常の保険と同じように掛け捨ての保障が引かれ、保険会社の運営経費が引かれ、さらに運用するための手数料が引かれますから、よほど大きく儲からないと、「貯金」よりよかったということにはならないでしょう。

さらに最近は、運用を外貨などで行なう外貨建ての生命保険も出てきています。外貨建て生命保険の売りは、万一のリスクに備えながら、将来のための資産形成ができるというものです。

けれど、果たして本当に万一のリスクに備えられるのでしょうか。また、将来のための資産形成ができるのでしょうか。

外貨建て生命保険そのものがリスクになる!

外貨建て生命保険と通常の生命保険との大きな違いは、通常の生命保険は円建てですが、外貨建て生命保険はドルなり、ユーロなりの為替がからむところ。「死んだら2000万円の保険金がでます」というのが通常の生命保険ですが、外貨建て生命保険は、

「死んだら20万ドルの保険金が出ます」という契約になります。ですから、死んだ時に1ドルが150円だと日本円で3000万円もらえますが、1ドルが80円だと1600万円しかもらえません（別途かかる為替手数料等はここでは省きます）。つまり、死んだタイミングによってもらえる金額が違うのです。

そもそも生命保険の死亡保障は、自分が死んだらもらえるが、死ななければもらえないという命をかけたギャンブルのようなもの。そこに、さらに為替のレートというギャンブルまで加える必要があるのでしょうか。しかも、為替で運用するぶん手数料も高くなります。

死後の経済的リスクを減らすための保険なのにリスクを増やす必要はないはずです。

結論

「保険で貯金」はナンセンス。「保険で投資」はリスクが増えるのでなおさらナンセンス。保険が必要なら必要額を掛け捨てで確保しましょう。

専業主婦の妻の保険に、死亡保障などつけてはいけない

夫だけでなく、妻が死んでも子供がいれば遺族年金は出る！

夫が妻や幼い子供を残して他界したら、子供が18歳になるまで月々15万円前後の遺族年金が出るので、残された妻と子供はなんとか生活していけると、97ページで書きました。

では、夫ではなく、妻が他界したらどうなるでしょうか。

実は、以前は専業主婦がなくなっても遺族年金は出ませんでした。ですから、幼い子供がいるご家庭では、妻の死後にベビーシッターを雇ったり、保育園や学童に子供を行かせたりするために、妻も少額でいいので生命保険に入ることをお勧めしていました。

けれど、**２０１４年４月から、夫に養われている妻にも、死んだら遺族年金が出ることになったのです。**

例えば、まだ幼ない子供２人を残して妻が他界したら、今は、月々10万円くらいの遺

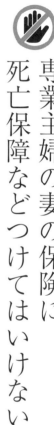

族年金を、子供たちが18歳になるまでもらえます。ここからベビーシッター代も保育園代も出るので、妻に生命保険の死亡保障は必要ないということになります。

若い人は簡単に死なないので保険料が安い

生命保険は命をかけたクジのようなものとお話ししてきました。これをもうちょっと詳しく説明すると、死亡保険金の計算には、「生命表」というものが使われます。

生命表は、10万人がオギャーと生まれ、歳を経るごとにその中の何人が死亡して減っていくのかということを統計的に出した表で、厚生労働省が発表しています。完全生命表と簡易生命表の2種類があって、完全生命表は国勢調査の人口動態統計をもとに5年に1度作成され、簡易生命表は10月1日現在の推計人口や人口動態統計月報年計をもとに毎年作成されています。

ここでは、次ページの簡易生命表を見てみましょう。いろいろなことがわかってきます。

まず、**若い人は、簡単には死なないということ。男性の場合、生まれた10万人のうち、20歳で死ぬ人は42人しかいません**（19歳までに死ぬ人が487人いますが、うち191

2017年の簡易生命表〈男性〉

年齢	死亡率	生存数	死亡数	平均余命
0	0.00191	**100 000**	**191**	81.09
20	0.00042	99 513	**42**	61.45
30	0.00055	99 025	**55**	51.73
40	0.00099	98 340	**97**	42.05
50	0.00254	96 846	**246**	32.61
60	0.00646	93 030	601	23.72
70	0.01713	83 657	1 433	15.73
80	0.04681	63 517	2 973	8.95
83	0.06730	*53 935*	3 630	7.26
84	0.07607	*50 305*	3 827	6.75
90	0.15151	25 848	3 916	4.25
100	0.38743	1 521	589	1.80

厚生労働省HP「平成29年簡易生命表」をもとに作成

人は０歳で亡くなっています）。

30歳で死ぬのは55人とちょっと増えますが、たいしたことはない。40歳になると97人。50歳だと２４６人。

つまり、子供が社会人になる50歳までに死亡する確率は、男性の場合約３％ということ。子供が社会人になるとそれほど多くは必要なくなるので、生命保険は親が50歳まで手厚くといわれますが、生命表から言えることは、50歳までに入った保険から死亡保険金をもらえるのは、全体のわずか約３％ということです。

２人に１人が死ぬ確率は、日本人の平均寿命より高い

実は、60歳までに死亡する確率は、男性の場合14人に１人（７・１％）。女性の場合26人に１人（３・８％）です。

では、**10万人オギャーと生まれた男性と女性が、徐々に死んでいって２人に１人が死んでいるという状況になるのは、何歳でしょう。**

男性は84歳。なんと女性は90歳です。つまり、この年齢まで、２人に１人は生きているということです。しかも女性は、99歳になっても約１割が生き残っています。

日本人の平均寿命は、男性81・09歳、女性87・26歳ですが、じつは統計的に見るとかなりの人が、それよりも長生きしています。

ちなみに、冒頭の「幼い子供を残して先立つ妻」についてですが、30歳から40歳までの間に女性が死亡する確率は0・34％。つまり、300人に1人ということです。もちろん、その300人に1人になってしまったら不幸ですが、**大部分の人は30歳から40歳の間は生きていると思えば、そこで過度な死亡保障を確保することはないということはおわかりいただけるのではないかと思います。**

生命保険というのは、加入していないとなんとなく不安と思っている人が多いですが、こうした数字を見ると、冷静に考えられるのではないでしょうか。

結論

平均寿命以上に生きる人が多いと言っても、子育て世代の専業主婦にも遺族年金が出るので、それほど多くの生命保険は必要ありません。

STOP 第4章

夫婦仲改善が家計にプラス

――家庭、子供

節約したいなら、夫の小遣いを減らしてはいけない

家計が苦しいと憤る妻、ふてくされる夫

不景気になると家計が赤字になり、家計が赤字になってくると、夫婦喧嘩が増えるご家庭が多いようです。

アベノミクスで好景気が続いているといいながら、国税庁の調査でもサラリーマンの給料はほとんど増えていません。しかも給料が増えない中で、税金や社会保険料、教育費など様々な出費が増えているので、家計が苦しいという実感を持っている方が多いようです。

こうした状況に対して、妻は細かな節約で対抗しようとするのですが、そうしたことが苦手な夫は、「妻が電気を消して歩く後から電気をつけていく」というチグハグな行動に出て妻の怒りを買いやすくなります。怒った妻が、節約観念の乏しい夫に対して「来月から、あなたの小遣いを減らしますからね！」などという言葉を投げつけるので、

夫はふてくされてますます家計の赤字減らしに非協力的になるという悪循環となります。
こうした状況をつくらないためには、最初に「あなたの小遣いを減らします！」などと言ってはいけません。

夫を節約する気にさせる一言とは

女性は感情で物事を把握しやすく、男性は理屈で物事を把握する傾向があると言われます。だとすれば、理屈でものごとを把握する夫に、感情的な働きかけをしても、共感は得られにくいし、ますます夫婦仲が冷えるだけ。

もし、**家計を赤字から救いたいなら、まず月々の収入と支出を細かく書き出し、どれくらい赤字になっているかということを数字で示しましょう。**それを表にして夫に見せると、その数字から、夫は「我が家はこんなに赤字なのか」とリアルに気づきます。そして、「こんなに赤字なら、小遣いを減らされても文句は言えないな」と思うはず。

そうしたらひと言、妻が言うのです。

「家計が大変だけど、あなたの小遣いだけは減らしたくない」

非協力的だった夫からすると小遣いを減らされても仕方ないと思っていたのに、こう

日経平均株価とサラリーマンのお小遣い額の推移

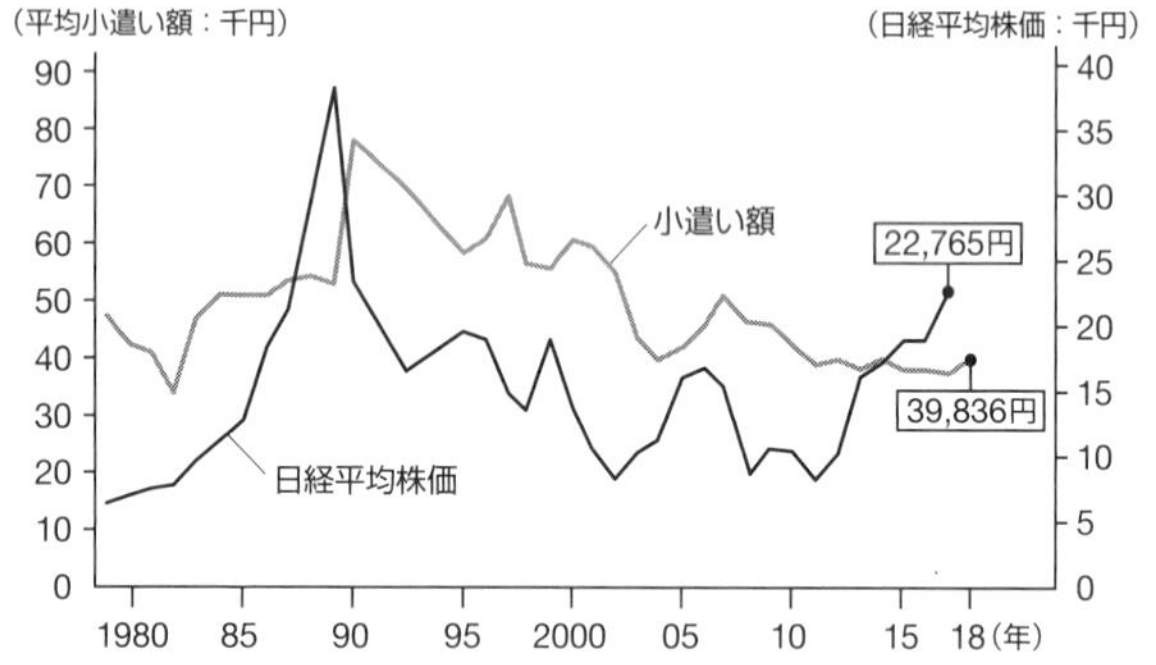

新生銀行 HP「2018 年 サラリーマンのお小遣い調査 詳細レポート」をもとに作成

言われたら、妻の思いやりを感じ、「俺が、何とかしよう」と前向きになるはずです。

妻は、日々の買い物の中で、すこしでも節約しようとする傾向があります。ただ、細かな節約は得意でも、保険の見直しやローンの組み替えなど、大きな仕組みを変えるというのは難しいという人も多いようです。

いっぽう**夫は、会社で様々な計画を立ててそれを実行に移して成果を上げるという人が多い**ので、計画づくりや仕組みの見直しなどが得意な人も多い。

例えば、家庭の通信費を格安スマホなどを使ったものに変えるだけで、家計の赤字はかなり減らせます。こうした、大きな仕組みを見直すということができる人が多い。

もちろん、人間には個人差があるので、感情で物事を把握する夫と、理屈で物事を把握する妻というケースもあるでしょう。その場合は、数字を妻の説得に使うといい。

図は、新生銀行が毎年発表している夫の小遣いの平均値で、**バブル崩壊と同時に夫の小遣いも株価に連動して下がってきている**様子がわかります。

ただ、２０１１年からは、株価が上がっているにもかかわらず夫の小遣いは減っています。なぜこうなるのかと言えば、景気が完全に二極化し、株主などは株高で儲かっても、その恩恵が一般の人にはほとんどないからです。

だとしたら、小遣いの目減りを防ぐためにも、しっかり夫婦で協力しましょう。

結論

赤字の家計を立て直すには、夫の視点と妻の視点がともに必要。夫の小遣いの目減りを２人で防ぐことが、家計の豊かさに直結する。

妻との会話を、避けてはいけない

理想の「いい夫婦」は、よく会話する

毎年11月22日の「いい夫婦の日」にちなんで行なわれている「理想の有名人夫婦」調査の第1位は、三浦友和・山口百恵夫妻でした（2017年、明治安田生命）。

調査が始まった2006年以来、12年連続トップに選ばれており、2位には佐々木健介・北斗晶夫妻、3位にヒロミ・松本伊代夫妻がランクインしました。

選ばれた理由としては、「自分たちの夫婦の形を持っているように見える」「お互いの存在を認め合い、思いやっているように感じる」という意見が多く寄せられたようです。

では、**「いい夫婦」とは、どんな夫婦なのでしょう。アンケートを見ると、「よく会話をする」が70・1％でトップ。**2位が「感謝の気持ちを忘れない」で59・2％。3位が「相手を尊重・信頼する」で57・9％でした。

将来のことを、夫婦で話そう

夫婦の「会話」については、平日の会話時間は1時間以下という夫婦が約６割で、休日の会話は3時間を超える夫婦がなんと４割を越えていました。

この調査では、「円満な夫婦」と「円満でない夫婦」、それぞれの平均会話時間も聞いています。「円満である夫婦」の会話時間は１１３分。「円満でない夫婦」の会話時間は40分。なんと、平日の会話時間に約３倍もの開きがありました。

愛情を感じていないのに40分も会話しているというのはにわかに信じられませんが、これは、夫婦喧嘩をしている時間かもしれません。

とにかく、**子供が巣立ってしまうと、夫婦の共通な話題は、急激に減ってきます**。

我が身を振り返ると、家で一緒にテレビドラマを見ながら、ああでもない、こうでもないとくだらない突っ込みを入れて時々２人で盛り上がったりしますが、２人向かい合って平日40分もの会話をするというのは難しいかも。

ただ、四六時中おしゃべりをしている必要はないけれど、ある程度の年齢になったら、将来的なことは、夫婦でしっかりと話し合っておいたほうがいいでしょう。

特に、お金のことについては、イザという時にあわてないために、今のうちにいろいろと話しておいたほうがいいでしょう。

夫婦で家計の現状を把握する

実は、お金のことというのは、会話が難しいもののひとつです。

本来なら、夫婦で、「家計のここを見直そう」「ここはもうちょっとお金をかけよう」などと話し合えればベストですが、ゴルフをやりたい夫と、友達と遊びに行きたい妻では、話がまとまらないどころか自分の興味を優先し、喧嘩になりかねません。

では、夫婦で家計を健全化するために話し合うには、どうすればいいのでしょうか。まず、**大切なのは、共通認識として家計の現状をしっかり把握することです。そのためには、現在ある資産の「棚卸し」を2人ですることが大切です。**88〜89ページでその例をお見せした「棚卸し」をしてみましょう。

具体的には、現在ある貯金や投資信託、株式、保険などのプラスの資産と、住宅ローンなどのマイナスの資産を見開きで書き出します。これは、見開きでないといけません。ポイントは、プラスの資産とマイナスの資産が一目でわかること。

こうしてすべて書き出して眺めてみると、「我が家は、借金が多いな」とか、「貯金があるのに入れっぱなしだから、これで自動車ローンを返したほうがいい」「子供が社会人になって教育資金もかからなくなったので保険を減らそう」などということがわかってきます。そうしたら、これを材料に、将来のお金の設計を考えて見ましょう。

これからどうしようという話は、２人の将来の話です。ご主人（奥様）が独断で進めるのではなく、２人で話し合って決めましょう。

サラリーマンのご家庭の場合、現役時代には、妻は子育てや家族の面倒を見るのに忙しく、夫は仕事でそれこそ家に寝に帰るだけというご家庭も多く、家庭内分業になっていたので話し合う必要もそれほどなかったというご家庭も多かったでしょう。けれど、老後は２人で進まなくてはなりません。会話を増やし、コミュニケーションを増やすためにも、老後に突入する前に、いちどはやっておきたい作業です。

結論

夫婦で円満な生活をしていくためにも、会話時間は大切に。特に、老後のお金については、２人で共通認識を作っておくべきです。

60歳過ぎて、離婚してはいけない

離婚を切り出すのは、6割強が妻側から

「離婚は、女房から切り出す」というのが昨今の風潮のようで、リクルートブライダル総研が離婚経験者に行ったアンケートでは、自分が望んで離婚した割合は、男性29・2%、女性64・4%と、圧倒的に女性が望んで離婚するというケースが多いようです。

芸能人の離婚だと、慰謝料ウン千万円というケースもありますが、普通のサラリーマン家庭の場合、離婚しても妻がもらえるお金はそれほど多くない。

離婚してもらえる可能性がある「お金」は、「財産分与」「慰謝料」「養育費」「年金分割」の4つあります。これを、順次見てみましょう。

「財産分与」で、2人で築いた財産を分ける

夫婦が結婚後に2人で築いた財産については、基本的に別れる時に半分ずつ分けることができます。これが「財産分与」。ただし、自宅がオーバーローンでマイナスの借金しかないという場合には分与できません。

「財産分与」できるのは、あくまでも夫婦が結婚後に築いた財産なので、結婚前の各自名義の貯金や車などは、対象外です。また、結婚後でも、妻の親が亡くなって妻が相続したというような財産は、「財産分与」の対象にはなりません。

「慰謝料」の相場は、夫の浮気でも３００万円

「慰謝料」は、精神的など様々なダメージを受けたほうが、離婚の原因をつくったほうに対して請求できる損害賠償金。浮気やＤＶなど証拠もあって相手も認めているような場合では請求しやすいですが、**性格の不一致といったどちらかが一方的に悪いとは言えないようなケースの場合にはもらうことが難しいかもしれません。**

しかも、芸能人のような多額な請求は難しい。「慰謝料」の相場は、夫の浮気が原因で離婚することになった場合でも、普通の人なら３００万円程度と思ったほうがいいです。

「養育費」を、いつのまにか払わなくなる夫も

別れる夫婦に子供がいる場合、子供を引き取ったほうが、子供の「養育費」を請求することができます。

「養育費」は、例えば夫の年収が500万円だとすると、子供1人につき月4万～6万円というケースが多いようです。ただし、子供が2人だから2倍というのではなく、2人だと6万～8万円が多いようです。

ただ、**現在、離婚の9割は相互の話し合いによる協議離婚。最初はお金を払っていたのに、いつのまにか払われなくなってしまうというケースも多い**ようです。

「年金分割」すると、多くの夫婦が共倒れ

サラリーマンの夫と専業主婦の妻が離婚する場合、妻は、夫と一緒にいた期間の厚生年金を、「年金分割」というかたちで夫から分けてもらうことができます。

例えば、一般的なサラリーマンの場合、基礎年金に上乗せされている厚生年金は10万円ほどなので、40年間連れ添った妻なら半分の5万円を自分の年金としてもらえます。

ただ、2人なら20万円の年金でなんとか生活できても、別れて1人10万円ずつで老後生活を送るというのは厳しいかもしれません。

どうしても一緒に暮らせない理由があれば別ですが、経済的に見て、別れてそれぞれやっていくというのはかなり大変なことが多いでしょう。まず、夫婦関係の改善を。

ちなみに、「２０１７年度いい夫婦の日」アンケートによると、**夫婦円満の秘訣ベスト3は、「話をする・聞く」「信頼する」「程よい距離感」**なのだそうです（「いい夫婦の日」をすすめる会）。また、夫婦の会話のトップ3は、「休みの予定」「子どものこと」「食事について」。さらに、パートナーにプレゼントを贈る頻度は「年一回」という人が多いようですが、贈られると、「優しくなれる」「仲よくなる」「会話が増える」。

離婚で共倒れになるよりも、もっとプレゼントの回数を増やして、仲良し夫婦になったほうが、経済的にも精神的にも豊かに暮らせるかもしれません。

結論

どうしてもという理由があれば仕方ないけれど、離婚したら、経済的には共倒れになる危険も。まずは、夫婦関係の改善を最優先しましょう。

妻のパートの「壁」を、気にしてはいけない

大きく変わった、妻の働く「壁」

ここ数年で、主婦の働き方が、大きく変わっています。

サラリーマンの妻や青色申告、白色申告の事業従事者でない自営業者の妻は、年収が１０３万円以下なら、夫の所得から38万円の配偶者控除を差し引けました。

この年収１０３万円だった**妻の働く壁といわれた配偶者控除が、２０１８年からは大幅に引き上げられて１５０万円になりました**。さらに、配偶者特別控除も２０１万５９９９円以下ならつくようになっています。

ただし、夫の年収が１２２０万円を超えている人は、配偶者控除そのものが受けられなくなりました。また年収１１２０万円（合計所得９００万円）以上は、控除が段階的に減ります。

ところが、配偶者控除が１５０万円に拡大される一方で、１０６万円という新しいパ

ートの壁ができています。これは税金の壁ではなく、社会保険料の壁です。

「年間収入106万円」のパートの「壁」が拡大中

もともと週30時間以上働く人は、会社の厚生年金保険、健康保険にパートでも加入しなくてはなりませんでした。これが、**２０１６年10月からは、従業員５０１人以上の会社で働く人を対象に、パートでも年間収入が１０６万円を超えると、会社の厚生年金保険、健康保険に加入しなくてはならなくなっています。**さらに２０１７年４月からは、労使の合意があれば、従業員５００人以下の企業でも厚生年金保険、健康保健に入れるようになりました。パートが会社の社会保険に加入する際のハードルは、今後もさらに低くなっていくことが予想されるので、パートで働く主婦にとっては、今まで気にしていた税金の１０３万円の壁が消えたいっぽうで、新たに１０６万円の壁を意識しなくてはいけないことになったということです。

パートでも、会社の社会保険制度に加入しておけば、将来的には基礎年金に厚生年金部分が上乗せされるので、もらえる年金が多少増えます。また、病気や怪我などで会社を休まなくてはならなくなった時には、傷病手当金として、給料の３分の２をもらえます。傷病手当金は最長で1年半有効なので、国民健康保険に加入しているよりも手厚い保障を確保できます。出産でも、優遇されます。

また、**会社の社会保険料は労使折半になるので、自営業者の社会保険料よりは割安。独身やシングルマザーにとっては、負担が軽くなる**という面があります。

サラリーマンの妻でそれまで社会保険料を支払っていなかった人は、会社の社会保険に加入することで保障も得られますが、その代わり、会社で給料から社会保険料が天引きされるようになるぶん、手取り額も減ります。

「130万円の壁」を超えるなら、160万円以上稼ぐ！

社会保険料には、もう一つの壁があります。それは、130万円の壁です。

小さな会社でパートをしている主婦の方などは、収入が106万円を超えても、会社の社会保険には加入できません。

ただ、夫がサラリーマンで、パートの収入が129万9999円までなら、妻は夫の扶養に入れるので、自分では一銭も保険料を支払わなくても、国民年金、国民健康保険に加入していることができます。この社会保険料は、夫が加入している厚生年金などから捻出されることになっているので、妻は自分では保険料を支払わなくても、病気や怪我をしたら国民健康保険が使えますし、将来、年金をもらったり、障害年金、遺族年金などを受けたりすることができます。

けれど、**収入が１３０万円になった途端に、それまで払わなくてよかった国民年金保険料、国民健康保険料の合計約25万円を、自分で支払わなくてはならなくなります。**

ですから、対象となるパートの方は、なるべく年収を１３０万円未満に抑えたほうがいいかもしれません。

もっとも、パートで年間１３０万円以上稼ぐとなれば、労働時間が週に30時間を超え、会社の社会保障制度に加入するということになるかもしれません。

結論

妻も働かなくてはならないご家庭が増えていますが、配偶者控除の壁は１５０万円にアップ済み。社会保障関連の１３０万円の壁も確認を！

子供に、大手携帯電話会社のプランを使わせてはいけない

「甘えさせて育った子供」と「甘やかされて育った子供」の違いは？

皆さんは、「甘えさせて育った子供」と「甘やかされて育った子供」の違いがわかるでしょうか。

「甘えさせて育った子供」というのは、周囲の大人がしっかり見守っていて、子供がスキンシップを求めてきたら抱いてあげ、子供が疑問に思ったことを聞いて来たらしっかり答えてあげ、子供が助けを求めているようなら手を貸してあげる。そうして育てられた子供は、**いざという時には頼れる人がいるのだということを認識し、心理的にも安定して、自分が興味を持ったことに突き進めます。**

学校で子供が描いてきた絵を持って来て「見て、見て！」と言ったら、忙しくても、ちょっと手を止めて一言「よく描けたね」と言ってあげる。すると、その子は大人になったら同じことをする親になるでしょう。

いっぽう「甘やかされて育った子供」は、転びそうになると親が手を出して転ばないようにし、欲しいと言ったら無条件に与えられるという環境で育ち、自分でやってみる、我慢をするという訓練をされていない傾向があります。

この差は、社会人になった時に、大きく出て来ます。「甘えさせて育った子供」は、辛いことがあってもイザという時に頼れるものがあるので頑張って乗り切ることができるでしょう。けれど、「甘やかされて育った子供」は、辛いことがあったらそれに耐えられない。会社にも行かず、部屋にこもってゲームばかりしているということになりかねません。

孫になんと年間１００万円以上あげるジジ、ババが！

少子化で１人っ子の家庭が多くなってきているせいか、「お子様ファースト」があたり前になりつつあるようです。しかも、子供１人におじいちゃん、おばあちゃんが４人いる。長寿社会なので、ご家庭によっては、曾おじいちゃん、曾おばあちゃんも健在で、総勢12人で１人の子供を可愛がるというケースも。

孫のいるシニアに、年間でどれくらいのお金を使っているのかアンケートしたら、平均約12万円だったそうです（ソニー生命保険）。中には、１００万円以上と答えたシニアもいました。ちょっと古いデータになりますが、２００6年に博報堂が、子供1人が持つ平均のポケット（財布）数と年間もらえる金額を調査したところ、ポケット数は7つ。年間金額は、約43万円でした。

実は、この**ポケットが増えていることが、子供の甘やかしにつながるケースが多々あります。**たいていのものは、おねだりすれば買ってもらえるとなれば、子供は自然にわがままでモノをねだるが、もらったモノを大切にしない子供に育っていきます。

本当に子供に教えるべきこと

生きていくためには、働いてお金を稼がなくてはいけない。その価値観は、とても大切なものです。**汗水垂らして働いてお金を稼ぐ人は、お金を稼ぐということが簡単にできるものではないことを身にしみて知っているので、お金を大切にします。**親が子供に教えなくてはいけないのは、英語でも数学でもなく、こうしたことです。

そのためには、欲しいものがあってもすぐに与えるのではなく、ある程度までは我慢させることが必要でしょう。

例えば、携帯電話。今は、子供でも携帯電話を持っていますが、子供に持たせる携帯は、通信のみのワンコイン（月５００円）のもので充分。大人並みに月５０００円も６０００円もかかるものを持たせる必要はありません。

ワンコイン携帯は、通常の携帯電話よりもちょっと不便で通話料も高いですが、「通話したいなら、ＬＩＮＥやＳｋｙｐｅを使いなさい」とあらかじめ言い渡しておけばいいのです。そもそも、今の子供は電話で長々話すよりも、メールで話している。通信容量は少ないですが、そこをやりくりしながら工夫して使う術を覚えさせましょう。

何でもそうですが、**ゼロではないけれどちょっと不便というくらいが、子供には丁度いい**。すべて親が整えてくれる、「甘やかされて育った子供」にしないためには必要なことです。

結論

何でも買い与えてそろっていたら、子供に工夫する気持ちは育たない。携帯は持つなと言わず、安くて一番不便なものを与えましょう。

教育費は聖域だなどと、思ってはいけない

さほどやりたくない習い事で、日本の子供は疲れている

小さな頃から、子供にこれでもかというほど習い事をさせている親がいます。**親が英語を喋れないのに、小学校の子供が週1回1時間程度の英会話教室に通って、英語がしゃべれるようになるとはとても思えません。**

バレエやピアノ、バイオリンなども、子供がどうしても通いたいというならその好奇心を満たしてあげるのもいいですが、親が小さい頃にやりたかった習い事をさせているなどというケースもあって、本当に子供が喜んでやっているのかは疑問です。

内閣府が、日本を含めた7カ国の満13歳から29歳の若者を対象とした意識調査（2013年）に、ちょっと気になる特徴が出ています。諸外国の子供たちに比べて日本の子供は自己肯定感が低い。「自分自身に満足しているか」という問いに、アメリカの子供は86％が「満足している」と答えていますが、日本の子供は半分以下の45・8％。将来

への希望についても、希望があるという子供は、アメリカだと91・1％ですが、日本は61・6％。以前、文科省が行なった同じような調査でも、同じような結果が出ていて、そこでは「日本の子供は、自分がさほどやりたくないことをやらされていて、常に疲れていて、意欲も減退している」といったようなことが書いてありました。

しかも、その調査では、**将来親の面倒を見るかという設問もあり、親の面倒を見る意欲は、日本の子供が最低**でした。

私立への進学は、「降りられないエレベーター」

小さな時に習い事で山のようにお金をかけ、中学受験させて私立の中高一貫校に入れ、大学に行かせることが子供の才能を伸ばすことだと勘違いしている親を見かけます。

確かに、**大金持ちならそれでも経済的に大丈夫でしょうが、普通のご家庭がこのペースで出費していると、大学に行くまでに蓄えが底をつく**ことになるでしょう。

「子供の教育費だけは削れない」と思っている親は意外と多い。中には、多額のローンを組んで中学受験させている親御さんもいます。けれど、中学受験は、「降りられないエレベーター」でもあります。私立に入学すると、想像以上に多額の教育費が必要とな

 りますが、途中でやめて安い公立に転校させるということはできないのです。

もちろんできないことはありませんが、私立に通っている子供に、「お金がないから公立に転校して」と言った途端に、子供は今までの自分の人生を全否定されたような気持ちにもなるでしょう。成長過程で良い影響を与えないことも予想されます。

ちなみに、中学校と高校は、公立のご家庭なら授業料は無料ですが、私立だと授業料だけで約279万円。そのほか学校納付金や修学旅行代などすべて含めると500万円くらいはかかると言われています。

高学歴より大事なこと

良い学校に入れれば一流会社に勤められ、一生安泰という時代は終わっています。

そもそも、東芝やシャープといった一流会社が、あっけなく経営危機に陥る時代です。

しかも、せっかく苦労して大学までやっても、卒業後に進学も就職もしていない子供が7%もいます。もしそうなったら、子供が親の老後を食いつぶしていくことになりかねません。まさに、**家計の大きな不良債権になってしまうかもしれないということです。**

これからの子供に大切なのは、良い大学に入ることではなく、社会に出て一人前に働いて稼げることです。

内閣府の調査（２０１６年）では、離れて住む親に仕送りをしている額は平均６万４０００円。ただ、**これから社会に出る子供たちは、自分が食べていくことで精一杯で、親への仕送りどころではない**でしょう。

だとすれば、将来は子供に頼らない覚悟でそのぶんを貯蓄し、さらに社会人になったら親の脛をかじらなくても大丈夫な、自立心を備えた子供を育てていくことに重点を置いていったほうがいいでしょう。

結論

大学を出ても無職の若者が約１割にのぼる。子供を家計の不良債権にしないために、習い事や受験ではなく、自立できる教育を。

子供にお金を、残してはいけない

3割は、1000万円以下の相続で裁判をしている

自分の死後に、少しでも子供に遺産を残してあげようと思っている親は多いようです。

ゆうちょ財団の調べ（金融資産選択調査、2006年）では、子供に残したい遺産の額は、1000万円から2000万円未満が最も多くて25%。次いで2000万円から3000万円未満が17・4%、3000万円から4000万円未満が15・7%。意外と使わずに残す人が多いようです。

ただ、この**残したお金がトラブルの火種になるケースも多い**ようです。

日本の年間死亡者は134万人で、そのうち約1万5000件（2014年）の相続について当事者では話合いがつかずに家庭裁判所に持ち込まれます。平均審理期間は、短くなる傾向にあるものの、最新の数字で11・8ヶ月。

しかも、**高額な遺産で争うのではなく、1000万円以下の相続で争っているという**

子供に残したい遺産額

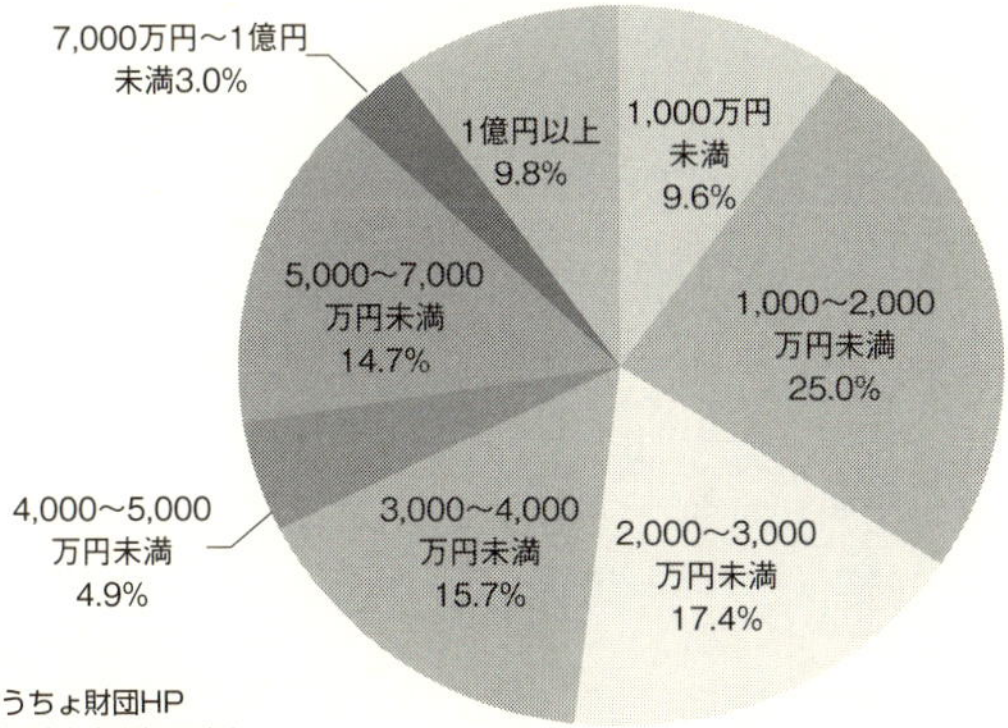

ゆうちょ財団HP
「金融資産選択調査」
2006年をもとに作成

ケースが32％にもなります。

どんなに仲の良いきょうだいでも、いったん裁判沙汰を経験したら、その後は口もきかなくなるでしょう。これは、少しだけ残したお金で子供たちを不幸にしているとも言えます。

本来なら、自分が稼いだお金は、自分で楽しく使って逝くのがベストです。

お勧めは家族旅行

お金の使い方としてお勧めなのは、家族旅行。費用を全部持ってあげて、みんなで海外旅行や国内旅行に出かけると、お金には代え難い楽しい思い出ができます。こうして家族の絆を深めておけば、死後に醜い争いも起きにくくなるかもしれません。

それでも使いきれなければ、寄付するといいでしょう。欧米では寄付の文化が根付いていて、イギリスなどは寄付の13％が遺贈だと言われています。

また、ビル・ゲイツ、ウォーレン・バフェット、ジョージ・ルーカス、ジャッキー・チェンなど、巨額な富を持っている人ほど、寄付をして子供にお金を残さないことにしているようです。なぜなら、自分が稼いだわけでもない巨額なお金を手にしたら、勤勉に働こうという気持ちが薄れて、子供の人生を破滅させることになるかもしれないと危惧するからです。ちなみにビル・ゲイツには3人の子供がいますが、あるテレビ番組で、**「子供が素晴らしい人生を自分で築き上げるために、お金ではなく素晴らしい教育を施している」**といっていました。

ただ、そこまで決心がつかないという人は、後でもめないような残し方をしましょう。

財産を残すなら、遺言書も残す

相続が「争続」にならないためには、あらかじめ、誰が何を受け取るかという遺言状を作成しておくといいでしょう。

遺言状には、いくつか種類があります。全部自分で書き、日付も入れて署名捺印した「自筆証書遺言」と、公証人に作ってもらい原本を公証人役場で保管してもらう「公正証書遺言」、自分で書いて署名捺印し、公証人役場で公証人および証人の立会いのもとで保管してもらう「秘密証書遺言」です。

相続する財産は、相続税の対象になりますが、相続税には、一定額までは税金がかからない基礎控除があることも覚えておきましょう。相続の基礎控除は、3000万円＋600万円×法定相続人の数。例えば、妻と2人の子供が相続するなら、3000万円＋600万円×3人で、4800万円までは無税。生命保険を受け取る場合は、これとは別途に控除があります。

結論

相続が「争続」にならないように、持っている財産は、楽しく使ってしまいましょう。残すなら、遺言状も残して家族がもめないように。

STOP 第5章

「投資しませんか？」から破綻まっしぐら

――投資、資産運用

投資しないと、資産が増えないなどと思ってはいけない

金融庁もパンフレットで投資を奨励

「ちょっとずつ、資産形成を始めてみませんか？　低金利のもとでは、預金だけでは資産は増えません」

銀行や証券会社のパンフレットに、こうした文言があると、「私のお金を投資しろというの？　そのまま鵜呑みにはできないな」と思う人でも、これが金融庁の出しているパンフレットなら、受けとめ方は変わってくるのではないでしょうか。

国が勧めるのなら、大丈夫ではないかと思う方も多いと思います。

戦後、日本では、国が「投資より貯蓄」をスローガンに、貯金を勧めてきました。なんと戦後間もなく、日銀が、貯蓄教育ということで小学生を体育館に集め、金融機関を呼んでそこで貯金をさせていましたが、そこまで貯金を徹底させたのです。

なぜなら、日本が復興するためには、「みんなが貯金する→貯金を銀行が企業に貸し

出す↓借りたお金で企業は設備投資して給料を支払う↓給料をもらったら一部を貯金する」という経済循環が必要だったからです。

けれど、２０００年を境に、国の方針が変わりました。公的年金や医療、介護など、国の社会制度が揺らぎ始め、国はもう国民の将来の面倒まで見られなくなったのです。

そこで、**「自分の身は、自分でなんとかしてね」という自己責任論が浮上し、そのために「貯蓄から投資」という流れに変わりました。**

デフレの中では、お金の価値は上がっている

みなさんの中にも、「投資をしないと、将来不安だ」という方がいらっしゃるのではないでしょうか。きっと冒頭の金融庁のパンフレットのように「低金利のもとでは、預金だけでは資産が増えない」と思っているからでしょう。

けれど、これは半分は当たっていますが、半分は間違っています。

確かに、低金利では預金をしてもお金は増えません。けれど、今は「デフレ脱却」が叫ばれるように、デフレという状況です。デフレではモノの値段が下がりますから、１万円のモノが、翌年には９５００円になっている。ということは、去年１万円と言われ

たモノを、今年買って1万円出したら500円のお釣りがくる。

つまり、1万円に1年間で500円の利息がついたのも同じことです。

表面的には、**低金利なので利息は付いていませんが、貨幣価値そのものが上がっているのがデフレという状況**です。ということは、デフレの中では無理に投資をしなくても、預金しておいても貨幣価値が上がっているぶんお金の使い道は増えている。

デフレの中でしなくてはいけないのは、投資ではなく借金の返済。デフレの中の借金は、相対的に重くなっていくのですから。

デフレは続くので、当分はデフレ対策を

では、インフレになったらどうでしょう。

インフレでは、デフレと逆で、モノの価値が上がって貨幣価値が下がる。つまり、お金で持っていても貨幣価値が下がってしまうので、モノで持っていたほうがいい。貯金でなく、様々なものに投資をするというのも、インフレでは有効です。

では、日本はインフレになるのでしょうか。

安倍首相は、「アベノミクスの一丁目一番地は、デフレ脱却だ」と言っていて、黒田

総裁は、２年でデフレを脱却すると宣言しました。

ところが、**２年どころか５年経ってもデフレ脱却の目処は立っていない。すでに、達成時期を６回も先送りしましたが、ついに先が見えなくなって、脱却時期そのものも示さなくなりました。**

いつデフレを脱却するのかわからないなら、下手にリスクを取るよりも、デフレの中で価値が上がる現金をしっかり持っておいたほうがいいのではないでしょうか。

インフレ対策で投資もいいですが、それは、日銀がデフレ脱却宣言をしてからでも充分に間に合います。

まずは、借金の清算から始めましょう。

結論

デフレ脱却は、まだまだ先。デフレでは、相対的に現金の価値が上がります。煽られて投資に手を出すより、今ある借金を清算しましょう。

老後のための「マンション投資」など、やってはいけない

破綻続出の「シェアハウスサブリース」

地価はこの先も上がらない、むしろ下がると77ページで述べました。最もやってはいけない投資は何かというと、「マンション投資」です。

この投資については、30年前から様々なところで書き続けてきました。なぜなら、不動産の資産価値が下がり続ける中では、どう計算しても儲かるはずがないからです。

詳しくは、拙著『投資なんか、おやめなさい』に書きましたが、「マンション投資」は、とにかく持ち出しが多くて思ったほど儲からないのです。

しかも2018年になって、**「シェアハウスサブリース」という、「マンション投資」と同じようなスキームの投資が出てきて破綻し、大問題となっています。**

仕組みは個人が銀行からローンを借りてシェアハウスに投資すると、シェアハウス業者を介して毎月入る家賃収入がローンの返済額を上回るので年金がわりになり、ローン

を返し終えれば物件は自分のものになって老後は左団扇というもの。しかも、業者が30年一括借上げをしていて投資利回りが８％と言う物件まで出てきました。

でも、世の中に、こんなうまい話があるはずはありません。

案の定、このビジネスモデルは行き詰まり、事業者は倒産。約７００人が１億円前後の負債を抱えることとなりました。書類の改ざんに関わって、本来貸せる額以上に貸し出した銀行も、深く傷を負うことになりました。

不動産業者の話を鵜呑みにして、大失敗！
うまい話には、必ず裏にカラクリがあります。

実はバブルの頃にも似たことがありました。ニューヨークのマンションを日本人がたくさん買っていたのです。ところが、ニューヨークに行った時に現地の人に聞いたら、「いま、日本人がニューヨークで買っているマンションは、二束三文のものだ」と言われました。

某大手信託銀行が日本で売り出していた４５００万円のマンションは、ニューヨークで買ったら８００万円程度のものだと言うのです。

ニューヨークといっても、一等地でなければ中古マンションはそれほど高くない。日本では60㎡といえばバブル当時はファミリータイプと言われていましたが、アメリカ人の感覚では手狭な住居。ですから、800万円くらいなのですが、それを日本で4500万円で販売。しかも3年間の家賃保証がついていて、保証額が月25万円でした。「家賃はせいぜい8万円程度の物件なのに、25万円もの家賃保証をつけているなんて信じられないけれど、800万円のものを4500万円で売って3700万円も儲けている。3年間空室で、家賃保証で900万円持ち出ししたとしても、2800万円も利益があるのだからいいと言う計算なのでしょう」

こうしたカラクリを知ったので、「買う」と言う知り合いを必死で止めたのですが、すでに不動産業者の言葉を鵜呑みにして舞い上がっていて、止めることができませんでした。

不動産には、他の金融商品にない「老朽化」リスクがある

「年金も少ない中で、老後に家賃収入があれば、安心できます」

こんな**営業マンのセールストークに、騙されてはいけません。**

投資には、株や金、通貨など様々なものがありますが、不動産だけは、こうしたものと同列に考えてはいけない投資です。

なぜなら、**他の投資商品と違って、不動産は持っているうちに確実に価値が目減りしていく投資商品**だからです。

老後のためにと買ったマンションは、老後になる頃には老朽化しています。

しかも、投資用マンションというのは、利回りを考えたら建て替えやメンテナンスがなかなかしにくい、老朽化の早い商品。最後は、お金を出さないと解体もできないという状況になる可能性もあります。

そんなものに、なけなしのお金を投資してはいけません。

結論

マンションには、他の投資商品にない「老朽化」というリスクがあります。老後のために投資したはずが、老後生活の足かせになる可能性も。

個人年金に、入ってはいけない

「従来型の個人年金」は、運用利回りが低すぎて増えない

公的年金の「100年安心」が崩れ、「消えた年金」「情報流出」「支給ミス」「データ入力を中国企業に委託」とぞくぞく続く不祥事に、「公的年金はあてにならないので個人年金を」という保険会社の大攻勢で、個人年金への加入が増えています。

でも、本当に、個人年金に加入した方がいいのでしょうか？

個人年金には、大きく2つのタイプがあります。

（1）契約時に約束した年金が支払われる「従来型の個人年金」

（2）運用次第で、最終的にもらう額が決まる「変額型の個人年金」

まず、**（1）の従来型の個人年金は、今加入したら、運用利回り（予定利率）が低す**

ぎて、老後までにほとんど増えません。なぜ増えないかは、１１２ページの「子供が生まれても、『学資保険』に入ってはいけない」で説明しましたが、理屈はこれと同じ。

しかもこの年金の場合、もらうのがかなり先になります。例えば30歳で加入して60歳からもらうとすれば、30年後の物価がどうなっているかが問題。30年前の国立大学の授業料は年30万円でしたが、今は53万円で７割以上上がっています。デフレの中でさえこんなに上がっているのですから、**日銀が目指すインフレが実現したら、30年後はラーメン１杯１万円になっているかもしれません**。

そうなると、従来型の年金は、実質的に大きく目減りします。

ただし、過去の運用利回りが高かった時期に加入した個人年金は別です。今でも高い利回りで運用されているので、そのまま続けていくといいでしょう。

「変額型の個人年金」は、手数料が高すぎて増えない

では、（２）の「変額型の個人年金」はどうでしょうか。

これも、『投資なんか、おやめなさい』に詳しく書いていますが、運用手数料が高すぎて、目減りしてしまう可能性が高い。

「変額型」は、(1)の「従来型」が約束した利回りで運用していくのと違って、預けたお金が投資信託などリスク商品で運用されていきます。ですから、払い込んだお金から保険としての保障料や保険会社の経費が引かれるだけでなく、信託報酬という運用手数料も引かれます。

もちろん、運用がうまくいけば老後資金も増えますが、うまくいかなければ老後資金が目減りすることになります。

では、例えば1000万円預けたとして、**運用で増えもせず減りもせず30年経つと、この1000万円はどうなるでしょうか。運用で増えもせず減りもしないのだから、1000万円は、1000万円のままだろうと思うかもしれません。けれど、実際には500万円以下に目減りしています。**正確には401万70円。なぜなら、30年間ずっと、運用手数料を含めた3%前後の手数料を払い続けなくてはならないからです。

「毎月分配型」は、ほとんどがマイナス

個人年金ではなく、「個人年金タイプ」という金融商品もあります。代表的なものは、

「1000万円預けると、月々2万円の配当が出ます」といった謳い文句の、「毎月分配型投資信託」。

ただ、この商品も手数料が高いために、ほとんどがマイナスになっていて、月々2万円は支払われますが、それが預けている1000万円の中から出されるというタコ足分配になっているものがほとんどです。

もちろん、前項で書いたように「老後はマンション家賃収入で悠々自適」などという謳い文句の不動産投資も落とし穴だらけ。

最終章で「老後」について述べますが、**不安を掻き立てて加入を勧める投資商品には、ろくなものがありません**。しかも、今は経済も不安定だし、デフレという状況。遠い老後を考えるより、目先の借金を減らして、現金を増やすべきでしょう。

結論

個人年金は、ほとんどが老後までに実質目減りする可能性あり。経済的安心を望むなら、個人年金加入より、今の借金を減らすのが有効です。

株式相場に、飛びついてはいけない

今の株式市場は、公的資金が支える官製相場

投資といえば「株」ですが、みなさんご存知のように、今は国が株価を買い支える、官製相場になっています。

２０１７年に日銀が1年間で買った株（上場投資信託）は、５兆９０００億円。今までに買った株の累計は約20兆円。

また、**日銀や公的年金、公務員が加入していた共済年金など、合わせると70兆円に達しています**。ここにさらに、ゆうちょ銀行、かんぽ生命などのお金を加えると、そのうち１００兆円に達するのではないかと言われています。

一見すると安定しているように見える株式市場ですが、問題は、この相場を支えているのは公的資金と海外投資家の買いで、一般的な人の買いはそれほど多くないということ。

こうした相場は、株価が上がっていればいいのですが、困ることは、何らかの要因で株価が下がった時。個人や外国人投資家は、株価が下がったらさっさと売って市場から逃げ出せばいいのですが、公的資金はそうはいきません。なぜなら、図体が大きい公的資金は、逃げるに逃げられないからです。

公的資金は、株を売り逃げできない

株を買っている公的資金は、よくプールの中のクジラに例えられます。

クジラがプールに入ってくると、プールの水かさが増して水がたくさんあるように見えるのですが、クジラはいったんプールの中に入ると、なかなか出ることができません。なぜなら、出ようとすると水位が下がってしまい身動きが取れなくなるからです。

日本の株式市場もこれと同じで、**今株を買っている公的資金は、買った株をなかなか売れません。そもそも、「公的資金が株を売り始めた」という話が出ただけでも、みんなが先回りして一斉に株を売りますから、株価は暴落する可能性があります。**

つまり、公的資金は、株を買うことはできるけれど、なかなか売ることができない。

ちなみに、年金が持っている株を一気に売り切るためには、今の買い手の状況がキープされていたとしても10日以上はかかると言われています。ですから、売るに売れないというわけです。

一見すると安定している株式市場も、公的資金の危うい状況に支えられたものだということは覚えておいたほうがいいでしょう。

ちなみに、**日銀が株を買いまくってきた結果、ファーストリテイリング（ユニクロ）をはじめとしたかなりの会社の筆頭株主が日銀になったというとんでもない状況が生まれています**。しかも、ここまでして金融を総動員したにもかかわらずデフレ退治に失敗した黒田日銀総裁が2018年4月に再任されたことで、表立った路線変更ができないというのは不幸なことです。

やりたい人は、株のお金と日常のお金を分けて投資

こうした状況なので、株式市場はいつ崩れるかわからない、先が見通せない状況になっています。

ただ、それでも株をやってみたいという人は、失ってもいいお金で、ギャンブルをするつもりで。その場合、大切なのは投資できるお金をあらかじめ決めておくことです。

今あるお金から生活していくのに必要な額だけは除き、残ったお金で投資をする。失っても、生活に影響がないようにしておかなくてはいけません。

そこで、仮に５００万円があったとしたら、それで新たな投資用の口座をつくり、その範囲内で株の売り買いをする。そして、口座にお金がなくなったら、それ以上はやってはいけません。

また、買うにしても、一度に５００万円を投資してはいけません。**投資するなら10分の1くらいの額で始め、安くなったら買う、高くなったら売るということをこまめに繰り返す。**そんな時間がなく、手間が面倒に感じられるなら、やめたほうがいいでしょう。

投資には、根気も必要。人任せで儲かるわけがないのです。

結論

今の日本の株式市場は、政府が支える官製相場。いつ崩れるかわからないゆがんだ相場なので、投資するならお金を失ってもいい覚悟で。

「長期投資」などという言葉に、騙されてはいけない

30年前と比べると「長期投資」でも損をしている

「短期での投資にはリスクも多いけれど、長期の投資なら安心。リスクも分散されるので、リターンが望めます」。こんな、投資への誘い文句に、騙されてはいけません。

そこでまず、**「長期投資」は、「短期投資」よりもリターンが望めるのか**を考えて見ましょう。

まず株式で、現在の株価と30年前の株価、1年前の株価を比べて見ましょう。

現在の日経平均は、約2万3000円（2018年9月現在）。30年前の日経平均は約3万8000円でしたから、当時と比べると（日経平均）、約4割目減りしています。いっぽう、1年前は約2万円だったので、1年前に買った人は1割以上増えています。

次に、為替。現在1ドル約110円で、30年前の1989年5月の平均為替レートは1ドル約138円でしたから、2割ほど目減りしています。いっぽう、1年前の為替レ

ートは１ドル約１１０円前後。こちらはほぼ同じです。

では地価はどうでしょう。国土交通省の公示地価の坪単価を見ると、30年前の１９８９年は坪単価１５８万円が、現在は70万円と半額以下になっています。ちなみに、１年前は56万円でしたから、１年前に比べると、２割以上値上がりしています。

現状では、**30年の長期投資ではことごとく損をしていますが、1年の短期投資では儲けている人が多い**ようです。

「下がれば上がる」ではなくなった

前述の比較を見ても、「長期投資なら安心」とは言えないことは、お分かりいただけたと思います。では、なぜ「長期投資なら安全」などと言われているのでしょうか。

一番大きいのは、テクニカル的には、時間をかけたほうが儲かる局面に遭遇しやすいということでしょう。

投資では、損することも得することもありますが、投資期間が短いと、損したまま終わってしまうケースが出てきます。ところが、投資期間が長ければ、その間に相場が盛り返す可能性があり、そうなった時に売れば儲けが出せるかもしれません。つまり、**短**

USドル/円の為替レートの推移

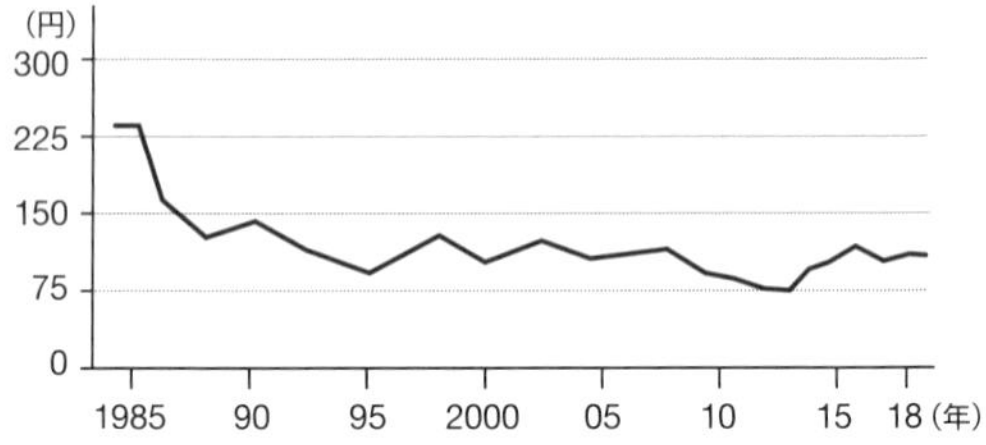

地価の推移

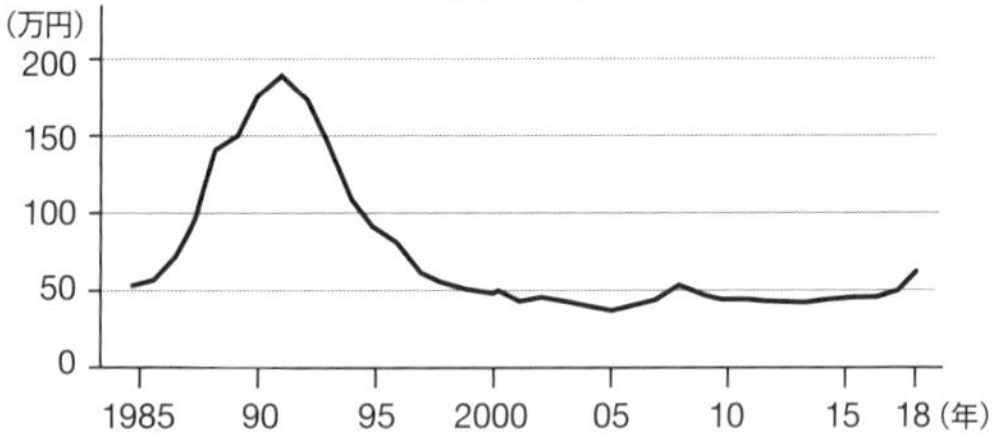

日経平均株価の推移

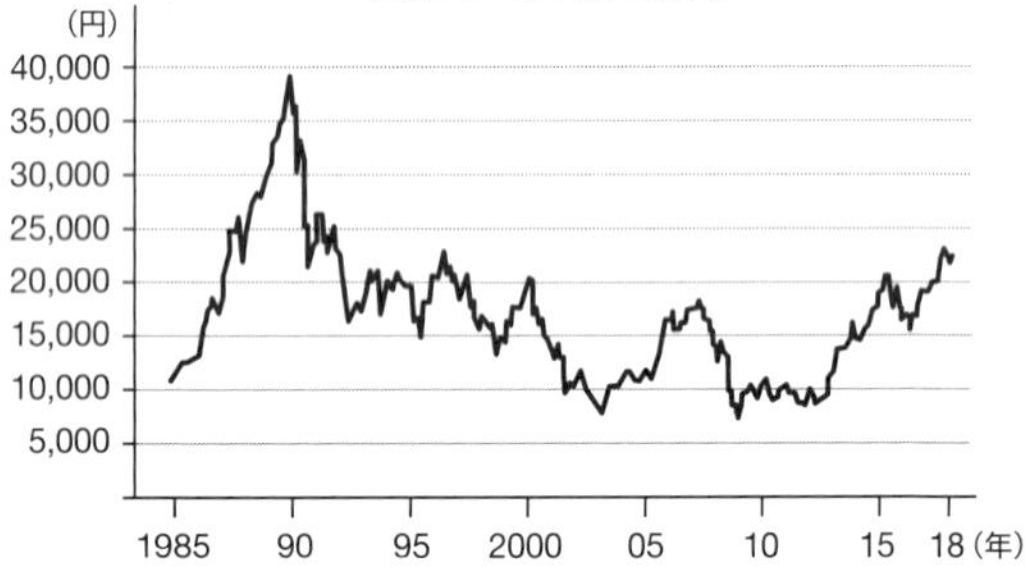

期よりも長期の運用の方が、リスクコントロールをしやすくなるという理由でしょう。

ただ、そのためには、常に投資商品を気にして、少しでも利益が出たらそれを確定して次の投資を始めるといった熱心さが必要です。残念ながら、そうした投資家は、日本には少ないようです。

また、かつての日本は、バブル崩壊までは、すべての投資が右肩上がりでした。少し下がっても、気長に待っていれば必ず上がってきました。その経験が、「待てば、いつかはよくなるかも」という願望と結びついているのでしょう。

「長期投資」は、売る側には都合のいい言葉

また、「長期投資」というのは、投資商品を売る側にとって都合がいい。

なぜなら、「お前が勧めるから買ったのに、損してるじゃないか」と怒鳴り込んできた客に対して、「**お客様、この商品は長期投資なので、長い目で見たらよくなるんです**」**と言い繕える**からです。

そして、再び「長い目で見ても値上がりしないじゃないか」と客が怒鳴り込んできた時には、担当者は別の部署に行ってしまっているということに。ちなみに、投資信託の

場合、担当者は3ヶ月くらいで成果をださないとクビか減俸。
なので、投資信託で「長期投資」など考えられるファンドマネジャーはいないと思ってもいいでしょう。

結論

「長期投資」なら安心と思うのは、幻想。バブル崩壊以降の日本では、投資商品も傾向としては右肩下がりになってきました。

お金のことを、プロに相談してはいけない

金融機関のファイナンシャルプランナーは、セールスマン

「今から投資をしないと、将来大変になる」と思い込んでいる人がいます。金融庁をはじめとして、国を挙げて「投資が必要」と勧める時代なのですから、皆さんがそう思ったとしても当然でしょう。

困るのは、そう思い立った時に、「素人でお金の運用についてはよくわからないので、プロに相談してみよう」となること。

確かに、法律のことは弁護士に相談すると解決できるケースが多いし、病気のことは医者に診てもらう方が大半でしょう。

お金のこともそれと同列に考えて、ファイナンシャルプランナーなどの資格を持った人に相談しなければと思うかもしれませんが、その前に、その人がどんな立場の人か、何で生計を立てている人かを確認しておく必要があるでしょう。

皆さんが相談するとしたら、銀行や証券会社の窓口、郵便局の窓口の人ということになるかもしれませんが、こうした人たちは、肩書きはファイナンシャルプランナーでも、実際にはその会社に所属するセールスマン。ですから、皆さんに投資商品を売ることで手数料を稼ぐ人たちなのです。

無料の金融セミナーで「カモ」にならない

もし、あなたがお金の運用について相談するお金のプロが、学生時代から親しい親友や信頼できる家族なら、たぶんあなたのためにベストな方法を考えてくれることでしょう。けれど、残念ながら、そういう人間関係を持っていない人が多い。

そこで、しっかり勉強して知識を身に付けようと、無料の金融セミナー、不動産セミナーなどに出かけていく。

はっきり言うと、そこで得られる知識というのは、たいして役に立たないものが多い。**役に立たないどころか、「不動産は、今が買い時」だとか、「投資をするなら、この投資信託がいい」などと、逆に儲かりもしない投資商品を売りつけられてしまう**かも。

無料の金融セミナーに行くと、無料なのに、帰りにはメモ帳やボールペン、ティッシュペーパーなど、様々なものをもらって帰ってくる。**この世知辛い世の中で、無料でいろいろなことを教えてもらった上にお土産までもらうなどという美味しい話があるわけはありません**。主催者はそれだけ「出血」しても、元が取れるとみるのが普通でしょう。

では、どこで元を取るのか。証券会社なら株や投資信託の販売、不動産会社なら投資用不動産の販売、保険会社なら保険商品と、自社の儲けにつながる商品の販売のために、セミナーを開いて興味のある人がどこにいるのか探し、何とか販売につなげようということでしょう。

それに参加した時点で、あなたは「カモ」だと思われているのです。

自分で株を買ってみると、自分の投資センスがわかる

では、投資について知りたいと思ったら、どうすればいいのでしょうか。

お勧めしたいのは、何でもいいから少額で試してみることです。この場合、あらかじめ失っても生活に影響のないお金で投資用口座をつくり、その口座の範囲内で投資をすることです。

そして、実際に投資商品を買ってみる。投資力を身につけるために一番いいのは、インターネットで株をひとつ買ってみること。**投資信託などは人任せの金融商品なので投資の勘が養われにくいですが、株は自分の読みが価格にすぐに反映されやすい。**

しかも、三菱UFJ銀行（三菱UFJフィナンシャル・グループ）でも7万円くらいで買えるし、野村証券（野村ホールディングス）でも5万円台、パイオニアなどは1万円台（いずれも2018年9月現在）でも買えますから、初心者が手始めにやってみるのには手頃です。

そして、自分の判断で売り買いをやってみて、口座にお金が無くなったら、あなたは投資に向いていませんからもうそれ以上投資するのはやめましょう。

投資セミナーに100回足を運ぶより、そのほうが投資力は養われるはずです。

結論

投資を始めるときに、プロに聞こうとしてはいけない。投資信託などではなく、まず、手頃な株をひとつ買ってみて、投資力を養いましょう。

金融機関が勧める投資商品は、買ってはいけない

アベノミクスで企業は内部留保が増え、お金を貸りなくなった！

日銀のマイナス金利政策が続く中、金融機関の収益は、真綿で首を絞められるように悪化しています。特にその傾向は、銀行に顕著に見られます。

アベノミクスは、５年間で企業の内部留保を１００兆円以上も増やしました。結果、多くの企業が、銀行からわざわざお金を借りなくてもやっていけるようになりました。

ところが日銀から銀行へは、貸し出しを増やせとばかりに国債を買い上げたお金が流れてくる。

アベノミクスが始まってから、すでに４５０兆円近いお金が日銀から銀行に流れてきましたが、貸し出しできない銀行は、やむをえずに再びそのお金を日銀の当座預金口座に預けています。

それが３９０兆円にもなり、貸し出しに回らないことに苛立った日銀は、これ以上日

銀の当座預金にお金を預けたら、預けたぶんのお金から手数料を取ることに。

これが、マイナス金利です。

ところが、手数料を取ると言われたにも拘わらず、貸し出しできない銀行は、仕方なくお金を日銀に預け続け、その預け入れ金は2年で約１００兆円も増えました。なぜなら、日銀がお金を流すだけでなく、皆さんが、お金を預金として銀行に持ってくる分もあるからです。

けれど**運用先がないので、わざわざ手数料まで払って日銀に預け続けざるをえない。**

そこで、今、銀行が必死になっているのは、皆さんが預けようと持ってきた預金を、いかに預金ではなく投資商品に振り向けようかということです。

銀行は、貯金を投資に振り向けたい

銀行は、皆さんが預ける退職金などを、貯金ではなく投資に振り向けようと必死です。なぜなら、持って来たお金を投資に振り向けられれば、わざわざ手数料を払って日銀に預けなくてもいいだけでなく、皆さんから投資の手数料をもらえるという、二重の意味で美味しいことになるからです。

そのため、必死で投資を勧めますが、そもそも銀行の窓口で投資商品など買ってはいけません。なぜなら、手数料が高いからです。

銀行の窓口で販売している投資商品の手数料は、３％前後というものが主流。

もちろん投資すれば、大きく増える可能性もあるが、減る可能性もある。では、１０００万円を投資で預け、増えもせず、減りもしなかったら30年後にはどうなるか。

「増えもせず、減りもしなかったら、１０００万円は１０００万円のままだろう」と思ったら大間違い。30年間、年３％の手数料を引かれ続けると、なんと１０００万円は４０１万円に目減りします。

窓口で投資相談するというのは、こうした商品を紹介されるということ。まさにカモがネギ背負って鍋に飛び込むことです。

私たちのお金は、銀行から狙われている

銀行の窓口に限らず、今はどこの金融機関も、経営が青息吐息の状況です。

シェアハウス投資で、不正融資に加担し、多くの人を不幸のドン底にたたき落としたスルガ銀行の行状は許しがたい。ただ、もし他で稼げるようなビジネススキームが見出せたら、あれほどひどいことはしなかったのではないかという気がしてなりません。

その少し前、銀行の過剰なカードローンへの貸し込みが社会問題となりました。これについても許しがたいことですが、ただ、日銀がマイナス金利を続ける中で、生き残るためにこうしたことにも手を染めていったことは否定できないと思います。

そこでカモにされていくのは、普通の人たちです。

だとしたら、私たちは金融機関に狙われているという自覚を持ったほうがいい。

そして、もし投資がよくわからないとか、投資の必要性をあまり感じないというなら、金融機関にはあまり近づかないほうがいいかもしれません。

結論

金融機関は生き残りをかけて、あなたに投資を勧めています。よくわからなかったら手を出すべきではありません。カモになってしまいます。

日本一売れている投資信託は、買ってはいけない

１０００万円預けて、毎月１万円の配当があれば、年金代わりになる？

日本一売れている投資信託といえば、「毎月分配型投資信託」。購入すると、毎月一定額の分配金が口座に振り込まれる投資信託で、これに投資している金額（純資産総額）は総額で約35兆円といいます（ＱＵＩＣＫ資産運用研究所調べ）。

金融機関で買う外国の債券類も含めた株式投信は99兆円（投信協会データ）なので、「毎月分配型投信」は、その約４割を占めるということ。

なぜ、こんなに人気なのかといえば、毎月（隔月もあり）一定の配当がもらえるものが多く、将来は年金代わりになるという安心感があるからでしょう。

例えば、某毎月分配型投信の場合、１０００万円預けると、毎月1万円の配当がもらえます。1年間でもらえる配当は12万円。銀行に１０００万円預けても1年で１００円の利息しかつかないのですから、とても魅力的な商品に思えるのでしょう。しかも、こ

れなら「老後の年金代わりになる」と思い込んで買っている人が多いようです。

けれど、**「投資信託」は「貯金」とは違います。運用次第で増えることもあれば減ることもある。減った時も同じく配当が出るというのは、何かカラクリがあるはず。**

実は、減った時には、そのお金を元本から取り崩し、補填しているのです。

実は元本が減っているだけ

「毎月分配型投信」は、銀行や郵便局の窓口でも簡単に買えて、しかも「年金がわりになりますよ」と言った勧め方をしています。

ですから、金融商品のことがよくわからない人の中には、高利回り貯金の感覚で買っている人もいます。こういう人は預金と勘違いしているので、いちいち投信の現在価格がどうなっているのかを確かめない人も多くいます。

つまり、**投資をしているという感覚を持ちにくい金融商品**でもあります。

「毎月分配型投信」は、設定当時の基準価格を下回っているものがほとんどです。

ＱＵＩＣＫ資産運用研究所が２０１６年10月に、１４８４本の「毎月分配型投信」について調べたところ、買って１年間保有し続けたとすると、８割の投信が分配金の半分以上を元本を削って支払う状況になっているということでした。全額を元本から出しているものも２割（２８６本）あったそうです。そして**驚くことに、この中で運用益だけで分配金をまかなえるのはたった２％（37本）**ということでした。

「毎月分配型投信」の中には、「海外の信頼できる国の債券で運用するので安心」というのを売りにしているものもあります。けれど、そうしたもののほとんどは、為替の変動を避けるための為替ヘッジ（為替の変動を和らげる取引）がついていません。為替ヘッジがあれば、ある程度まで為替の変動を防ぐことができるかもしれませんが、これをつけるとそれだけコストがかかるからつけないのです。

儲かっていなくても、手数料は確実に引かれる

この商品で、最も問題なのは、手数料が高いこと。

投資の世界は、運次第。勝つときもあれば、負けるときもあります。株ならば、値段が下がってしまっても塩漬け（そのまま置いておく）にしておけば、置いておくうちに配当がでる場合もあります。けれど、投資信託は売らない限りは、ずっと信託報酬という手数料を払い続けることになります。これが、商品にもよりますが２～３％程度と高いものが少なくありません。

前述したように、1000万円を投資信託で預け、増えもせず、減りもしないで30年経つと、預けた1000万円は半額以下の401万円になってしまいます。しかも、「毎月分配型投信」の場合には、毎月一定額の分配金を出し続けていきますから、**年3%の信託報酬を支払い、さらに分配金を毎月出していかなくてはならないとなれば、最低でも確実に毎年5%以上の運用をしていかないと増えていきません**。金融機関さえも運用難に陥っている中で、それだけの運用をしていくのは至難の技。

やはり、元本の目減りは覚悟しなくてはならないでしょう。だとすれば、最後に「こんなはずではなかった」と思う人も出てくるのではないでしょうか。

結論

一番売れている「毎月分配型投資信託」は、リスクが見えにくく、手数料が高い。「年金代わり」などとは考えない方がいい。

年率１％以上の「預金」には、手を出してはいけない

おトクに見える、「マネープランセット」の裏側

地を這うような低金利が続く中、「定期預金の金利が年１・０％」などと聞いたら、皆さんはどう思いますか？

「ラッキー！」と飛びつく前に、「何か裏があるのではないか」と思ったほうがいい。

よく見かけるのが、定期預金と投資信託や外国債券がセットになり、定期預金の金利が年率１％以上というもの。例えば、某メガバンクの「マネープランセット」を見ると、定期預金、外貨預金、投資信託、外国債券の組み合わせで、定期預金の金利は年率１％ですが、退職金を運用する場合にはこれが最大６・２％になります。

この定期預金に１００万円を預けたとしましょう。「１００万円の１％なら1万円なので、利息は年1万円」と思うかもしれませんが、それは大間違い。なぜなら、年率1％という説明の前に、小さな文字で（３ヵ月もの自動継続方式）と書いてあります。そ

して、「詳細はこちら」というところをクリックすると、「初回適用金利」とあって「年率1％」とあります。これは、どういうことなのでしょうか。

2000円の利息がついても、投資信託を買うとマイナスに

「3ヵ月もの自動継続方式」と「初回適用金利」からわかることは、これは3ヶ月ごとに自動的に見直されて継続されていく定期預金で、その最初の3ヶ月だけは、1％の金利がついていくということ。

つまり、3ヶ月間ですから利息は1年の4分の1。年間1万円の利息なら、その4分の1は2500円になります。さらにこの利息から20％の税金が引かれるので、手取り利息は2000円ほどというわけです。

ポイントは、この「定期預金」をするためには、同額の投資信託を購入しなくてはいけないというところ。つまり、100万円を「定期預金」に預けたら、100万円ぶんの「投資信託」を買わなくてはいけないのです。しかも、セットで買う「投資信託」は、買う時に手数料を払うタイプのものです。

仮に、ここに国内外の債券で運用する投資信託をセットしたとします。

この場合、購入手数料は約2%。つまり、100万円に対して2万円の購入手数料を支払うことになります。「定期預金」に付く利息は手取りで2000円。「投資信託」の購入で銀行に払う手数料は2万円。差し引き、1万8000円は銀行の儲けで、それを支払うのはこの商品の購入者ということになります。

しかも、「投資信託」だと、これでは終わりません。**買った後も、運用のための信託報酬等の手数料を払い続けなくてはなりません。**これが、年1～2%。つまり、運用状況にもよりますが、年1万円前後のお金を銀行に払い続けなくてはいけないということ。

「預金」は、銀行にとってはリスク商品

前述したように、「預金」は低金利といえども預けたら目減りはしない、皆さんにとってはノーリスクの金融商品です。けれど、金融機関にとっては、いったん預かったら低金利といえども運用して増やさなくてはならない。もし、運用に失敗しても、皆さんにはお金を返さなくてはいけませんから、銀行にとってリスク商品なのです。

けれど投資商品は、その逆です。買った皆さんは、値上がりしたり値下がりしたりと

いうリスクを抱えますが、銀行は、値上がりしようが値下がりしようがノーリスクで儲けられる。つまり、投資商品というのは、銀行にとってはノーリスクなのです。

だからこそ、なんとか皆さんにリスク商品を買ってもらいたい。そのために、高金利の定期預金で安心感をあたえながら、投資に誘い込もうというのです。

低金利の中で普通に銀行にお金を預けている人は、「金利1％」以上の金融商品があると聞けば、心が動くことでしょう。

けれど、低金利の中で、定期預金に1％以上の金利をつけるのには、何かワケ（理由）があるはずです。そのことを肝に銘じ、甘い話には最初から近づかないほうがいいかもしれません。

結論

「定期預金」だからといって「高い金利」に飛びつくと、リスクを背負いこむことになるかも。高い金利にこそ、要注意！

銀行との交渉は、相手のペースで進めてはいけない

自分が無理なく払えるローン額しか貸りてはいけない

銀行に言われるままに、住宅ローンを組んではいけません。

銀行に行くと、「年間返済額が年収の30％までは借りられます」とか、銀行によっては「35％まで大丈夫です」などと言います。

けれど、これは、**あなたが返済できる額ではなく、銀行がとりっぱぐれなく貸せる額なのです。**銀行は、年収のどれくらいまでなら貸しても破綻率が低いかという統計を持っています。彼らはこの統計と破綻した時に取れる担保などに照らして、「30％まで貸せます」などと言います。あなたの人柄や家族事情を読み取って、親切に提案してくれているのではないのです。

けれど、いくら真面目な人でも年収５００万円で年間１５０万円もローン返済するのは難しいでしょう。年収５００万円なら、手取りは４００万円を切ります。ここから、

150万円を引くと、生活費は250万円を切る。月々にすれば、20万円ほど。**住宅ローンを組むならまず、自分たちの生活を考え、いくらまでなら不自由なくローンを払っていけるか計算してから、ちょっと少なめに「この額しか借りられません」と銀行に言う。**すると、貸し出しに困っている銀行は、「もう少しお貸しします」と下手に出てきますから、そこから交渉で有利な条件を引き出していくことです。

銀行に返済の相談をするなら、夕方に

住宅ローンが返せなくなった時の交渉も、銀行のペースで進めてはいけません。

もし、給料カットやリストラで、住宅ローンが返せなくなったらどうすればいいか。

まず、日中に妻を銀行に行かせます。住宅ローンの担当者に「実は、主人が住宅ローンのことでお話ししたいことがあり、ついては、業務が終わった後に、支店長とどもお会いしたいと言っています」と、夜7時頃にアポイントメントを取らせます。

もちろん銀行はとっくに閉まっている時間ですが、今の銀行の業務は、一般企業よりも過酷。閉店後も残務整理で多くの行員が働いており、課長、支店長クラスだと、9時以降も働いているケースもままあります。

妻から話を聞いた担当者と支店長は、最悪の事態を想定しながら待っています。7時をちょっと遅れていくと、彼らの想像は「もしかしたら、サラ金でお金を借りてしまったのか」「自己破産されてしまうのか」とより深刻な方向に広がっているはず。

そこで、丁寧に説明するのです。「実は、会社が大変なことになり、住宅ローンが払えなくなりました。サラ金からお金を借りようかとも思いましたが、まずはご相談をしてからと思ってきました」——すると**最悪の想定をしていた相手は、ホッとします。そして、「よくぞ相談に来てくれた」と、とにかく協力しますということになるでしょう。**

そうなれば、こちらのペースで交渉できますから、なるべく有利な方法を引き出す。

ちなみに、夜7時頃になると、お腹も空いてきます。相手はなるべく早く話をまとめて帰宅したいという気持ちもあり、コンパクトに話が進みやすいメリットも生まれます。

借りた人のほうが強い

交渉するときには、相手のペースに巻き込まれず、自分のペースで交渉していくというのが、ビジネスの鉄則です。

お金が返せない時というのは、どうしても弱気になりがち。けれど、実はお金という

のは、貸した人よりも借りた人のほうが、立場は強い。なぜなら、貸した人に「返せないから、どうにでもしてくれ」と開き直られると、打つ手がないからです。

アメリカでは、「ノンリコース」と言って、多額の住宅ローンが残っていても、住宅を手放したらそれで終わります。5000万円の住宅ローンがある家が4000万円でしか売れなかった場合も、家を手放した途端に1000万円のローンは払わなくていいことになる。

日本の住宅ローンには「ノンリコース」はありませんが、自己破産して免責を受けると、ローンの残債は無くなります。

自己破産されて免責を受けられてしまったら、銀行は打つ手なし。これは、銀行が一番恐れている方法だということも覚えておきましょう。

結論

住宅ローンは、借りる時も、返せなくなった時も、相手のペースで交渉しないこと。実は、お金は「借りた人」のほうが、立場は強いのです。

STOP
第6章

老後資金にまつわる大ウソ

――定年後、年金

老後資金の心配は、50歳まではしてはいけない

50歳までにプラス・マイナス・ゼロを目指す

今は、若い人でも老後不安を抱える人が増えているようです。

けれど、若いうちから老後のことなど心配してはいけません。

なぜなら、**長い人生の中では、老後になる前に不安を解消しておかなくてはならないことがたくさんあるからです。まず目の前には、マイホームのローン、子供の教育費、両親の介護その他、山積みの問題があります。**

そして、老後の心配というのは、多くの人にはその先にあるものだからです。

山登りにたとえるなら、体も鍛えていないうちからいきなりエベレストに登ろうと思っても難しい。まず目前にある山を制覇し、自信をつけて次の山を目指し、最後にエベレストに登るというのが順当な方法でしょう。

それと同じように、いきなり老後のことを考えるとなかなか目標に到達しません。老

後を考える前に、まずは、老後前の50歳までにしっかりと足元を固めておくことが大切です。

しっかり足元を固めるとは、借金の少ない堅実な家計にしておくことです。

50歳で借金がなければ、黄金の老後が待っている

家計は、50歳の時点で、借金と貯蓄がプラス・マイナス・ゼロになっていれば、黄金の老後を迎えることができます。

こう聞いても、ピンと来ない方は多いかもしれません。

けれど、**たとえ貯金がゼロでも、50歳までに住宅ローンが終わり、子供の教育費がかからなくなっていれば、家計においては勝ち組です。**

なぜなら、50歳までに住宅ローンが終わっていれば、それまで住宅ローンとして支払っていたお金を、貯蓄に回すことができます。さらに、50歳で子供も社会人になって教育費負担が終われば、子供にかかっていた教育費を貯蓄に回すことができます。

加えて、もう子供に手がかからなくなったら、奥さんも働くことができます。そうなれば、住宅ローンと教育費、妻の稼ぎで、月に20万円くらいは貯蓄していくことができ

るのではないでしょうか。

また、50歳くらいになっていると、給料もそれなりに上がっているという方が多いことでしょう。

だとすれば、たとえ50歳で貯蓄がゼロであっても、年間100万円から200万円の貯蓄は可能。60歳までの間には、1000万円から2000万円の貯蓄が可能になります。

ここに退職金をプラスし、なるべく長く働いて年金の受給年齢を遅らせれば、老後にお金で困ることはほとんどないでしょう。

老後を考えるなら、できるだけ身軽になっておく

こう書くと、「もう、50歳を過ぎてしまっているのだけれど」という方も読者の中にはおられるでしょう。

そういう方は、**50歳を過ぎてもかまいませんから、少しでも早く、借金と貯金がプラス・マイナス・ゼロになることを目標に、家計を見直していきましょう。**

2020年の東京オリンピックが終わると、それまでの必要だった人も物も余り、成

果が上がらないアベノミクスのツケで、不況がやってくる可能性があります。

しかも、5年経ってもデフレを脱却できない現在の日銀の金融政策が破綻をきたすと、日本経済も、大きな打撃を受ける可能性があります。

だとすれば、こうしたことを前提に、借金をある程度整理して、身軽になっておく必要があるでしょう。

そのためにはもちろん、「資産の棚卸し」なども済ませておきましょう。

マイナスが多いなと思ったらそれを減らして、なんとかプラス・マイナスをゼロに近づける努力をしていきましょう。

はっきりとした目標が見つかれば、「よし、やろう」という気持ちにもなるはず。

結論

今やらなくてはいけないのは、家計の資産をプラス・マイナス・ゼロにすること。50歳でプラス・マイナス・ゼロなら、黄金の老後です。

もらい損ねている年金を、見逃してはいけない

かつての会社の、企業年金がもらえるかも

「あなたは、もらえるはずの年金をもらい忘れていませんか？」

こう書くと、「それって、例の消えた年金のことね」と思う方が多いのではないでしょうか。

けれど、違います。ここでご紹介する「もらい損ねている年金」は、公的年金ではなく企業年金で、多数の人がもらい損ねているにもかかわらずあまり注目されていない年金です。

企業年金というのは、企業が独自に公的年金に上乗せしている年金で、10年間支払わなければもらえない公的年金と違って、働いている会社に企業年金があれば、たとえ1ヶ月の加入であっても、一生涯もらえる年金です。

ところが、それを忘れていて、企業年金をもらい忘れている人が、なんと現時点で1

未請求のままの厚生年金・企業年金

○厚生年金基金

	2010年度末	2011年度末	2012年度末
未請求数	**13.6**万人	**13.6**万人	**13.7**万人
受給者数	288.9万人	298.7万人	304.3万人
受給権者数に対する割合	4.5%	4.4%	4.3%

「受給権者数に対する割合」は「未請求数」÷「未請求数＋受給者数」

○企業年金連合会

	2010年度末	2011年度末	2012年度末
未請求数	**142**万人	**137**万人	**133**万人
受給者数	690万人	759万人	826万人
受給権者数に対する割合	20.6%	18.1%	16.1%

厚生労働省HP「厚生年金基金等の未請求者の状況について」をもとに作成

「企業年金」確認のためのフローチャート

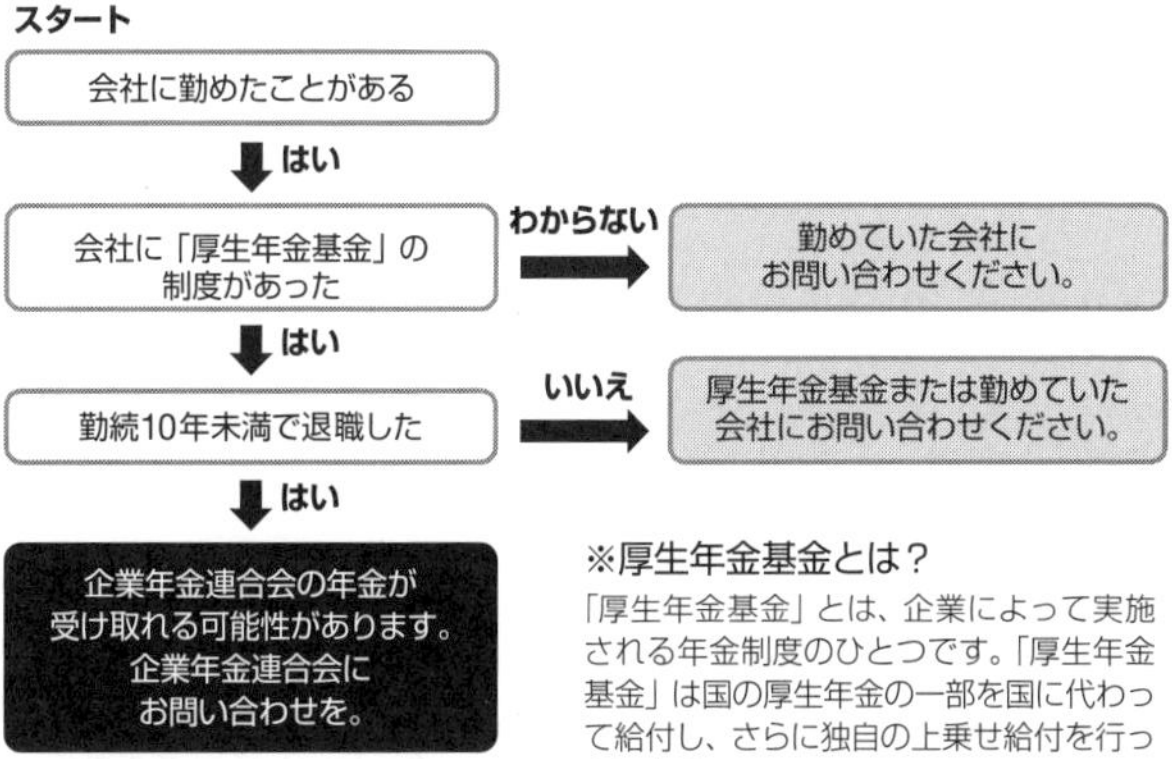
スタート
会社に勤めたことがある
はい
会社に「厚生年金基金」の制度があった
わからない
勤めていた会社にお問い合わせください。
はい
勤続10年未満で退職した
いいえ
厚生年金基金または勤めていた会社にお問い合わせください。
はい
企業年金連合会の年金が受け取れる可能性があります。企業年金連合会にお問い合わせを。

企業年金連合会HP「あなたの企業年金、お忘れではありませんか？」をもとに作成

※厚生年金基金とは？

「厚生年金基金」とは、企業によって実施される年金制度のひとつです。「厚生年金基金」は国の厚生年金の一部を国に代わって給付し、さらに独自の上乗せ給付を行っています。

加入期間が概ね10年未満の場合は連合会から、10年以上の場合は、加入していた厚生年金基金から支給されます。

３０万人もいるというのですから驚きます。

なぜ、こんなことが起きてしまうのでしょうか。


なんと2割の人が、もらえるはずの年金をもらっていない

なぜ、年金のもらい忘れが起きるのかといえば、様々なケースが考えられます。

最も多いと考えられるのは、結婚までの腰掛のつもりで厚生年金基金のある企業に勤め、そこの社員と念願の結婚退社をしたというケース。


厚生年金基金は、60歳になってはじめて支給されます。ですから、かつて自分が勤めている会社に厚生年金基金があって、自分もそこで働いて加入していたということを覚えていれば請求できますが、大抵の人は忘れてしまっているのではないでしょうか。

しかも、結婚して名字が変わってしまうと、本人の特定が難しくなり、本人が申し出ない限り厚生年金基金では持ち主を調べようがなくなります。

また、10年未満など短期の加入者や、10年以上加入していたという人でも厚生年金基金自体が解散している場合には、積み立てた企業年金は企業年金連合会に移管されているので、それを知らないで請求されず、放置されっぱなしになっているというケースも多いようです。

さらに、退職時に厚生年金の「加算年金」を一時金で受け取っているので、それで終わりと思っている人もいるようです。けれど、厚生年金基金では、厚生年金の一部を国に代わって運用（代行）しているケースが多く、ここから支給される年金があることを知らないというケースもあるでしょう。

人によっては、年金をもらう前にお亡くなりになってしまっているケースも。

結果、表でもわかるように、**なんと約2割の人がもらえるはずの年金をもらい忘れています。**

では、せっかくの年金をもらい忘れている人は、どうすればもらえるのでしょうか。

3つの手続き方法

「そういえば、若い頃に勤めていた会社に企業年金があった気がする」という人は、次ページのフローチャートをみてください。

このフローチャートが全て「はい」となれば、あなたはもらえるはずの企業年金をもらっていない可能性があります。

それがわかったら、もらう手続きをするための方法は３つあります（①〜③）。

①電話で、企業年金コールセンターに問い合わせてみる。

企業年金コールセンターの電話番号は、０５７０‐０２‐２６６６。受付は平日午前９時から午後５時。土・日・祝祭日・年末年始は受けつけていません。

②インターネットで、記録を確認する。

企業年金連合会のホームページにアクセスすれば、記録を確認することができます。

https://www.pfa.or.jp/otoiawase/service/index.html

利用時間は朝６時から午後10時。アクセスは、左記になります。

③文書で、問い合わせをする。

宛先は、〒１０５‐８７９９　東京都港区西新橋３‐22‐５

芝郵便局留　企業年金連合会行

これらの問い合わせの際には、氏名、生年月日、住所、年金手帳の基礎年金番号、厚生年金基金の名称及び加入員番号などが必要ですが、詳しくは企業年金コールセンターで聞いてみてください。

企業年金は、1ヶ月加入していただけでも、一生涯もらうことができます。心当たりがあるなら、必ず問い合わせを！

結論

約130万人に企業年金のもらい忘れが。一度手続きすれば、一生涯もらえる年金なので確実にもらいましょう。

年金を、早めにもらい始めてはいけない

年金は、60歳からも70歳からももらい始めることができる

佐川宣寿元国税庁長官による公文書偽造、福田淳一元事務次官のセクハラ問題で大騒ぎの２０１８年４月、財務省が、どさくさに紛れてこんな提案をしていました。

「年金支給年齢を65歳から68歳に引き上げる」

財務省の諮問機関（財政制度等審議会）への提案ということで、まだこれが決まったわけではありませんが、この動きは要注意です。

厚生年金は、もともとは60歳支給でした。これが65歳支給になり、男性は２０２５年までに、女性は２０３０年までに完全に65歳支給になります。ですから、現在は上がっている最中なのですが、またまた年齢引き上げの話。まるで、逃げ水のように「先送り」されていきます。

基本的には65歳支給ですが、受け取りは、65歳の前後5年間で本人が選択できるよう

になっています。つまり、希望すれば、60歳からでも70歳からでももらい始められるということです。65歳より早くもらい始めることを「繰り上げ受給」といい、65歳より後にもらい始めることを「繰り下げ受給」といいます。

受取額はこれだけ変わる

65歳よりも早くもらい始める「繰り上げ受給」では、１ヶ月早まるごとに年金額が０・５％減額されます。

たとえば**60歳からもらい始めると、０・５％×12ヶ月×５年で65歳からもらい始めるよりも30％支給額が減ります。**65歳で10万円の年金をもらえる人だとすれば、60歳でもらい始めると月７万円に支給額が減るということです。

この場合の損益分岐点は、76歳。

30％の減額は一生続くので、75歳までに死ぬと、60歳からもらい始めたほうがよかったことになり、**76歳以上生きれば、65歳からもらっておいたほうがよかったということになります。**

サラリーマンの男性だと、61歳から特別支給の老齢厚生年金（報酬比例部分）があり

年金繰り上げ・繰り下げの損益分岐点〈2018年〉

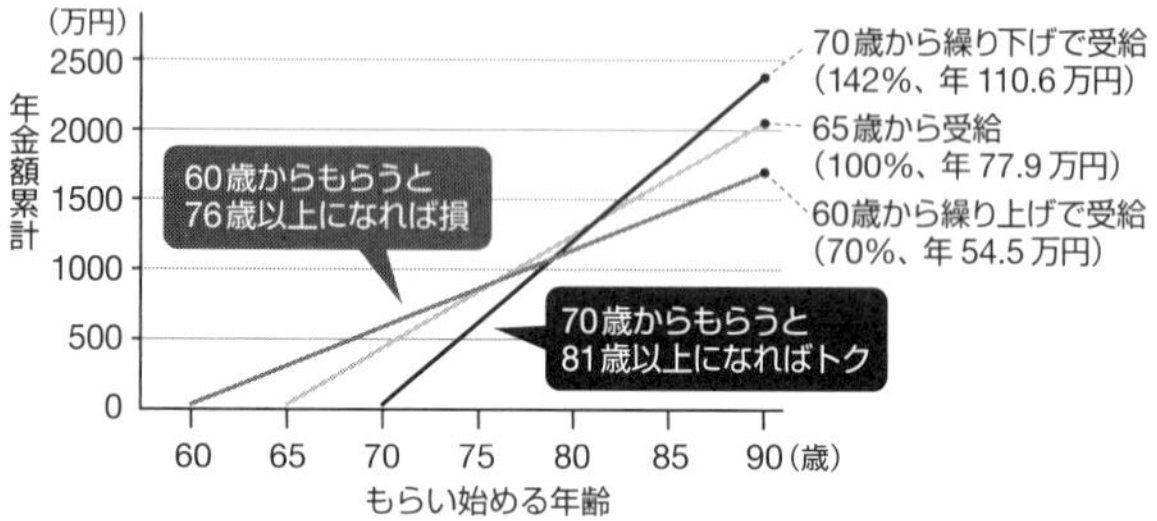

〈繰り上げ受給の注意点〉

❶減額された年金額が65歳以降も一生続く
❷本人が原則として障害年金をもらえなくなる
❸夫が亡くなった場合、妻（65歳になるまで）は遺族年金との選択となる

PRESIDENT Online「65歳以降に年金を増やす方法は？」
をもとに作成〈監修 社会保険労務士 山本礼子氏〉

ますが、これを60歳に前倒しでもらい始めると、この部分は一生涯6％（0・5％×12ヶ月）のカットになります。

65歳より後にもらい始める「繰り下げ受給」の場合、1ヶ月遅くなるごとに年金額が0・7％ずつ加算されます。

たとえば、**70歳からもらい始めると、0・7％×12ヶ月×5年で42％支給額が増えます。**65歳で月10万円もらう人なら、70歳まで支給を遅らせると、70歳から月14万2000円の年金をもらえます。

この場合の損益分岐点は、81歳。

80歳までに死ぬと、65歳からもらい始めたほうがよかったことになり、**81歳以上生きれば、70歳からもらったほうがよかったことに**

なります。

もちろん、人の寿命は誰にもわかりません。

また、「平均寿命」だけでなく、「健康寿命」というデータもあります。これは、身体に支障が無く、健康に動ける平均的な年齢で、この「健康寿命」は、男性70・42歳、女性73・62歳（厚生労働省・2010年）。

ですから、額は少なくても遊べるうちに年金が欲しいという人は支給年齢を早めるという選択もありかもしれません。けれど、**これからは人生100年時代。あまり早くからもらってしまうと、少額しかもらえないので長生きしたらお金が足りなくなってしまうというケースも出てくるでしょう。**

最低でも65歳まで働き、年金はそれ以降という選択がいいのではないでしょうか。

結論

公的年金は早くもらい始めると額が少なくなります。しっかり働いて、遅めに年金をもらったほうが、老後の経済的な安定は増します。

農業を、軽んじてはいけない

定年後は、ゴルフクラブを鍬《くわ》に持ち替える

「趣味もなく、仕事一筋できたので、定年後には何をやっていいのかわからない」という人に、私がお勧めしているのは農業です。

デスクワークをしてきた人にとって、農業というのはかなりハードルが高い気がするようですが、今はそうでもなくなっています。しかも、農業をやってみて得られるものはかなり大きい。

まず、生産性が上がり、家計にも貢献します。

特にゴルフをやっている人には「定年後は、ゴルフクラブを鍬に持ち替えましょう」とお勧めしています。なぜなら、ゴルフはお金が出ていくばかりですが、鍬を持って畑を耕せば、作物ができ、家計も野菜を買わなくていいぶん潤います。

また、健康的に、長生きできる可能性もあります。

農家の男性のほうが、平均8年も長生き！

早稲田大学重点領域研究機構の堀口健治名誉教授と弦間正彦教授は、60歳以上の農業をやっている方とやっていない方の死亡率に違いがあることに着目し、調査しました（2016年4月発表）。

この調査の結果を見ると、**自営農業者は、それ以外の人に比べて医療費への出費が3割程度少ないことがわかりました。つまり、病気になりにくいということです。**

また、平均寿命にも違いが出ました。**自営農業者の男性の平均寿命は81・5歳で、それ以外の人の平均寿命は73・3歳と、なんと農業をやっている人のほうが平均的に8年も長生き**していました。女性も、自営農業者の平均寿命は84・1歳、それ以外の人の平均寿命は82・5歳で男性ほどの差は出ませんでしたが、農家の方のほうが長寿でした。

また、農業をしている人のほうが死亡年齢と健康寿命の差（寝たきり状態などの健康が害されている状況）が短く、農業をしている人はそれ以外に比べて寝込む率が低く、「ピンピンコロリ」という傾向が強いことがわかりました。

手軽に貸りられる市民農園がたくさんある

「農業」というと、60歳を過ぎた方の中には「これからはじめるのは、難しい」と思っている方もいらっしゃることでしょう。けれど、その気になれば、だれでも農業を始められます。

実は、農家の平均年齢は65歳を過ぎていて、しかも後継者不足もあって農地は余っています。**現在、全国の耕作放棄地を集めると、富山県や福井県の面積を上回ると言われています。こうした農地が、市民農園として大量に貸し出されています。**

市民農園は、10坪から20坪に区画されている農園で、私の友人も借りて仕事の合間に耕していますが、年間に種代や指導代など3万円程度支払って、6万円程度の野菜の収穫があるそうです。

また、最近では、「クラインガルテン（ドイツ語で小さな庭という意味）」と言って、滞在型市民農園も全国にできています。

別荘でも庭が広ければ農業ができますが、別荘と違うところは、地元農家との交流ができること。農作業の方法を教えてもらったり、野菜作りのアドバイスを受けたり、施設によってはとれたての野菜を使った家庭料理の作り方を教えているところも。

興味がある方は、**農林水産省のホームページから「全国市民農園リスト」にアクセスすると、自分の住まいから近い市民農園が、どこにどれくらいの価格で貸し出されているのかをチェックすることができます**。全国の「クラインガルテン」の所在地についても、同じページでチェックできます。ただし、ここには農園に了承されているものだけしか載っていません。ここに載っていなくても良い市民農園は探せば近くにあるかもしれません。

■全国市民農園リスト
http://www.maff.go.jp/j/nousin/nougyou/simin_noen/s_list/index.html

結論
ゴルフクラブを鍬に持ち替えるだけで、健康と長寿、そして家計の豊かさを得られるかもしれません。自分でつくった作物の味は格別。

定年までに終わらないローンは、組んではいけない

70歳まで返済するのでは、「老後破綻」に

マイホームは、一生に一度の大きな買い物。一生に一度の大きな買い物なのだから、少し高くてもいいものを手に入れたいという心理が働いて、銀行から借りる住宅ローンの額も大きくなりがちです。

しかも、**低金利なうえに、返済が70歳までOKというところがほとんどになっています。中には、返済を80歳までできるというところも出てきていて、返済期間を伸ばせばいくらでもお金が貸りられるようになっています。**

でも、本当に70歳まで返済する住宅ローンを組んで大丈夫なのでしょうか。

答えは、ノー。

なぜなら、現行の年金制度は、支給年齢が65歳。サラリーマンの場合、65歳までは会社で働くこともできますが、60歳になった時点でまず給料がガクンと下がる企業がほと

んどです。

しかも、65歳で定年になると、収入がなくなるケースも。

だとしたら、少なくとも、年金生活に突入する前に、住宅ローンを払い終えておかなくてはいけないでしょう。

投資よりも繰り上げ返済

実は、住宅ローン繰り上げ返済は、下手な投資よりも確実に将来を安定させるかもしれません。

「今は低金利なので、住宅ローンは借り時」などと言われますが、それでも全期間固定金利だと、1・5%前後になります。

例えば、3500万円を1・5%で35年借りるとすれば、月々の返済額は10万7164円。トータルで、約1000万円の利息を支払うことになります。

けれど、頑張って貯金してローンを借りてから3年後に100万円を繰り上げ返済したとします。すると、総返済額は159万9552万円も減ります（返済期間が1年2ケ月短縮されます）。

１００万円投資して、確実に１５９万９５５２万円になる投資などありませんから、投資よりもずっと有利だということです。

退職金で住宅ローンのまとめ払いは、やめたほうがいい

「住宅ローンは、退職金でまとめて返せばいい」と思っている方もおられるでしょう。けれど、老後の虎の子の退職金を住宅ローンで目減りさせてしまうというのには、不安があります。退職金は、老後資金としてしっかり温存しておかなくてはいけません。

そのためには、すでに住宅ローンを借りている方は、しっかり繰り上げ返済をして、老後生活までには住宅ローンの返済が終わっているようにしておきましょう。

結論

ローンを抱えながらの年金生活も、退職金でローン残債を払うのも、どちらも心細い。だとしたら、今すぐに繰り上げ返済を。

荻原博子　1954（昭和29）年、長野県生まれ。経済事務所勤務を経て独立。以降、経済ジャーナリストとして活動。著書に『10年後破綻する人、幸福な人』『投資なんか、おやめなさい』など多数。

Ⓢ新潮新書

787

払《はら》ってはいけない

資産《しさん》を減《へ》らす50の悪習慣《あくしゅうかん》

著　者　荻原博子《おぎわらひろこ》

2018年10月20日　発行
2018年11月５日　２刷

発行者　佐　藤　隆　信

発行所　株式会社新潮社

〒162-8711　東京都新宿区矢来町71番地
編集部(03)3266-5430　読者係(03)3266-5111
http://www.shinchosha.co.jp

図版製作　ブリュッケ

印刷所　株式会社光邦

製本所　加藤製本株式会社

ISBN978-4-10-610787-0 C0233

新潮新書

Ⓢ新潮新書

069
妻に捧げた1778話
眉村卓
癌と闘う妻のため、作家である夫が五年間毎日書き続けたショートショート。その中から19篇を選び、結婚生活と夫婦最後の日々を回想するエッセイを合わせた感動の書。

165
御社の営業がダメな理由
藤本篤志
営業のメカニズムを解き明かす三つの方程式。その活用法を知れば、凡人だけで最強チームを作ることができる。「営業力」に関する幻想を打ち砕く、企業人必読の画期的組織論の誕生。

205
新聞社
破綻したビジネスモデル
河内孝
潰れるか、生き残れるか。自家中毒の販売合戦、広告収入の減少、急伸するIT、多様な危機が新聞ビジネスを包囲する。元大手紙幹部が明かす、深刻な経営実態と再生に向けた改革案。

277
どこまでやったらクビになるか
サラリーマンのための労働法入門
大内伸哉
社内事情をブログに書いたら？　社内不倫や経費流用がバレたら？　サラリーマンにとって身近な疑問を法律の観点から検証。今日から使える超実践的な労働法入門。

714
コスパ飯
成毛眞
「うまさ」は前提条件、その上でコストパフォーマンスも追求。持ち前の知的好奇心をフルに発揮して数々の「うまい！」に辿りついた軌跡を語る、著者初めての「食」の本。

S 新潮新書

488
日本農業への正しい絶望法
神門善久
「有機だから美味しい」なんて大ウソ！　日本農業は良い農産物を作る魂を失い、宣伝と演出で誤魔化すハリボテ農業になりつつある。徹底したリアリズムに基づく農業論。

501
たくらむ技術
加地倫三
バカげた番組には、スゴいたくらみが隠れている——テレビ朝日の人気番組「ロンドンハーツ」「アメトーーク！」のプロデューサーが初めて明かす、ヒットの秘密と仕事のルール。

699
中国人観光客の財布を開く80の方法
岡部佳子
本当の勝負はこれからだ！　訪日客の最新トレンドからリピーター獲得のノウハウまで、「ポスト爆買い」時代の繁盛戦略を徹底指南。今すぐ役立つ、インバウンド関係者必読の書！

748
外国人が熱狂するクールな田舎の作り方
山田　拓
なぜ、「なにもない日本の田舎」の「なにげない日常」が宝の山になるのか？　地域の課題にインバウンド・ツーリズムで解決を図った「逆張りの戦略ストーリー」を大公開。

706
損する結婚儲かる離婚
藤沢数希
結婚相手選びは株式投資と同じ。夫婦はゼロサムゲーム＝食うか食われるかの関係にある。そんな男女の「損得勘定」と、適切な結婚相手の選び方を具体的なケースをもとに解き明かす。